소림사에서 쿵푸만 배우란 법은 없다

SERICEO 실전경영 01

소림사에서 쿵푸만 배우란 법은 없다
끊임없이 변신하는 기업들의 경영비법

2011년 2월 11일 초판 1쇄 발행
2014년 1월 24일 초판 7쇄 발행

엮 은 이 | 삼성경제연구소
펴 낸 곳 | 삼성경제연구소
펴 낸 이 | 정기영
출판등록 | 제302-1991-000066호
등록일자 | 1991년 10월 12일
주　　소 | 서울시 서초구 서초대로74길 4 (서초동) 28~31층
전　　화 | 3780-8153(기획), 3780-8084(마케팅), 3780-8152(팩스)
이 메 일 | seribook@samsung.com

ⓒ 삼성경제연구소 2011
ISBN | 978-89-7633-429-9　03320

삼성경제연구소 도서정보는 이렇게도 보실 수 있습니다.
홈페이지(http://www.seri.org) → SERI 북 → SERI가 만든 책

SERICEO 실전경영 01

소림사에서 쿵푸만 배우란 법은 없다

끊임없이 변신하는 기업들의 경영비법

삼성경제연구소 엮음

삼성경제연구소

삼성경제연구소에서 경영자를 위한 동영상 지식서비스인 SERICEO를 시작한 지 벌써 10년을 맞이했다. 바쁜 일과를 보내는 경영자를 대상으로 한 것이기에 꼭 필요한 지식을 알기 쉽고 시의성 있게 전달한다는 대원칙 아래 콘텐츠를 제공하고 있다. 더해 단순한 정보 제공을 넘어서 경영자의 상상력과 통찰력을 자극할 수 있는 주제를 개발하는 데에도 힘을 쏟아왔다. 5~7분 분량의 새로운 동영상 콘텐츠를 매일 4편씩 제공하는 SERICEO는 현재 유료 회원수가 22만 명을 넘는, 한국을 대표하는 지식서비스로 발전해 나가고 있다.

10년 가까이 축적된 SERICEO의 다양한 콘텐츠 중에서도 CEO나 리더들에게 특히 높은 관심과 사랑을 받은 것은 사례연구이다. 경영의 현장에서 실제로 벌어진 성공과 실패의 기록은 그야말로 히트한 영화보다 더 흥미진진하고, 권위 있는 이론서보다 더 설득력 있는 교훈을 던져준다.

이제 삼성경제연구소는 경영자의 영감을 자극하는 촌철살인의 스토리를 통해 많은 회원들의 공감을 얻은 경영사례 콘텐츠를 한데 묶어 'SERICEO 실전경영' 시리즈로 발간하고자 한다. 여기에는 각각의 분야에서 최강이 된 기업들은 물론이고 중국의 소림사에서 미국의 FBI에 이르기까지 다양한 조직이 살아남아 성장하고 발전하기 위해 어떠한 변신과 전략을 꾀했는지가 압축적으로 실려 있다.

글로벌 경제의 뉴 노멀New Normal이라는 표현이 등장하고, 산업과 경영의 패러다임 전환에 대한 논의가 활발하다. 높은 불확실성 속에서 미래 전략에 대한 고민은 더욱 커질 수밖에 없다. 이러한 시기에 경영 현장의 생생한 기록을 전달하고 싶다는 소망을 담고 있는 이 시리즈가 조직을 이끄는 리더와 전략을 구상하는 실무자들에게 발상을 전환하고 새로운 구상을 실현하는 데 조금이나마 실제적인 도움을 줄 수 있다면 커다란 보람이 될 것이다. 끝으로 SERICEO 콘텐츠를 함께 만들어온 연구원과 제작진, 그리고 책자화를 위해 수고한 출판팀원들에게 심심한 감사를 표한다.

삼성경제연구소 소장
정기영

차례

∴ SERICEO 실전경영을 발간하며 · 4

제1장
오늘 변하지 않으면 내일은 없다

소림사, 쿵푸 고수가 비즈니스 고수로! | 정태수 · 13

테이트 모던 미술관의 이상한 선택 | 최홍 · 18

혁신의 기본기, 신시내티 병원 | 한일영 · 25

움프쿠아의 감동 혁신법 | 김근영 · 30

폭스바겐, 성공을 위해 포기한 3가지 | 김상범 · 36

성숙시장에서 꽃 피우는 법 | 이정호 · 42

샤넬을 먹고, 아르마니에서 잔다? | 하송 · 48

전략은 진화한다! 메리어트 호텔 | 이민훈 · 53

전략 선택의 기로, 리더에게 필요한 것은? | 채승병 · 59

위기의 CEO, 장수 비결은 있다! | 한창수 · 64

제2장

한발 먼저 세상을 읽는 법

귀사는 트위터를 하십니까? | 신형원 · 71

디지털 사이니지로 돈 버는 법 | 이동훈 · 76

시선을 잡아끄는 힘, 3D 마케팅 | 이준환 · 81

매장의 변신은 무죄, 팝업 스토어 | 이동훈 · 85

만지면 통한다! 터치 마케팅 | 이민훈 · 90

숨 막히는 광고 올림픽, 슈퍼볼 | 정태수 · 95

핑크 제너레이션을 아시나요? | 하송 · 100

완판녀 효과, 얼마나 갈까? | 이민훈 · 106

테크파탈을 유혹하는 방법 | 홍선영 · 112

감탄이 나오는 마트, 트레이더 조 | 이민훈 · 118

역발상의 커피, 네스프레소 | 이민훈 · 124

제3장

마음까지 훔쳐야 진짜 고수다

숨겨진 95%의 니즈를 보는 법 | 정태수 · 131

저가항공의 편견을 깬 제트블루 | 홍선영 · 138

서비스 사관학교, 리츠칼튼 | 이동훈 · 143

기네스에 오른 판매왕의 세일즈 전략 | 홍선영 · 149

판매 달인의 1등 영업 노하우 | 이동훈 · 155

우리 제품, 어떻게 소문낼까? | 하송 · 160

거짓말, 유능한 사업가의 필수품? | 방태섭 · 165

스티브 잡스처럼 설득하라! | 홍선영 · 171

마피아 리더십의 비밀 | 방태섭 · 175

지상에서 가장 완벽한 조직을 추구하는 FBI | 방태섭 · 181

제4장
창조와 공감이 정답이다

창의성을 자극하는 참 쉬운 방법! | 김진성 · 189

오토바이에서 로봇까지! 혼다 창조력의 비밀 | 정태수 · 195

상상력 공장, 픽사의 '집단창의력' | 김상범 · 200

창조의 씨앗, 낙서경영 | 한일영 · 205

황금 트랙! F1의 흥행비결 | 정태수 · 210

도쿄의 얼굴이 된 모리 미술관의 남다른 생각 | 하송 · 216

예술경영, '나오시마'처럼 하라! | 주영민 · 222

월마트와 맥도날드의 소프트한 차이 | 한창수 · 228

소프트 파워를 높이는 3대 전략 | 한창수 · 234

녹색성장 시대가 요구하는 새로운 리더 | 도건우 · 239

사회와 기업을 구하는 이름, 레드 | 이민훈 · 244

∴ 참고문헌 · 249

• 소림사, 쿵푸 고수가 비즈니스 고수로! • 테이트 모던 미술관의 이상한 선택 • 혁신의 기본기, 신시내티 병원 • 움프쿠아의 감동 혁신법 • 폭스바겐, 성공을 위해 포기한 3가지 • 성숙시장에서 꽃 피우는 법 • 샤넬을 먹고, 아르마니에서 잔다? • 전략은 진화한다! 메리어트 호텔 • 전략 선택의 기로, 리더에게 필요한 것은? • 위기의 CEO, 장수 비결은 있다!

제1장

오늘 변하지 않으면 내일은 없다

소림사, 쿵푸 고수가 비즈니스 고수로!

정태수

누군가 "'소림사' 하면 어떤 이미지가 떠오르는가"라고 묻는다면 백이면 백, '쿵푸'라고 답하지 않을까. 그런 소림사가 상전벽해桑田碧海의 놀라운 현장이 되고 있다.

이제 소림사는 단순한 사찰이 아니라 미디어, 의료, 유통 등의 분야를 넘나들며 시장의 주목을 받는 대기업으로 변신하고 있는 중이다. 이 변화의 중심에는 해외 유학파 MBA 출신의 주지 스님이 있었다. 과연 소림사에서는 무슨 일이 벌어진 것일까?

약 1,500년 전에 건립된 고찰古刹, 소림사는 527년 달마대사가 이곳에 머물며 선종을 전파하면서 비로소 널리 알려지게 되었다. 그 후 세월이 흐르면서 차차 선종과 쿵푸의 메카로 자리 잡았다.

소림사의 변화는 소림사가 쿵푸 영화의 단골 소재가 되면서 비롯되었다. 이때부터 단순한 사찰이 아니라 연간 약 150만 명이 찾는 관광 명소가 되었고, 급기야 1998년에는 '소림사사업발전주식회사'를 만들어 비즈니스계에 뛰어들었다.

미디어 · 의료 · 유통 · 컨설팅…
소림사의 변신은 무궁무진

소림사의 대표적인 사업은 미디어 분야이다. '쿵푸' 브랜드를 활용한 것이다. 그 한 예로, 중국에서 열리는 '중국 쿵푸스타 세계대회'라는 무술대회는 소림사와 중국의 위성 TV가 합작하여 개최한다. 이 대회는 세계 6개국에서 예선이 치러질 정도로 규모가 클 뿐만 아니라 우승을 할 경우 〈소림사 승병 이야기〉와 같은 TV 드라마와 각종 쿵푸 영화에 캐스팅되는 행운을 잡게 된다. 이 대회의 인기가 높아지면서 소림 무술을 배우고 싶어하는 사람이 늘어나자, 소림사는 수십 개의 무술 학원을 만들어 운영하고 있다.

그들은 소림사에 전해 내려오는 전통 중의학中醫學 비법으로 병원 사업도 시작했다. 소림사는 자신들의 전통 중의학

기법과 현대 의료기술을 접목하여 소림사 인근에 병원을 설립하고 종합의료기관으로 키워 나가고 있는 중이다.

그 밖에도 쿵푸 교본, 쿵푸 신발, 쿵푸 티셔츠 같은 쿵푸 상품을 판매하는 인터넷 쇼핑몰을 운영하기도 한다. 한편, 코카콜라와 손잡고 건강 기능성 음료를 시판할 계획이며, 또 나이키와는 무술용 운동화의 공동 제작을 모색하고 있다는 이야기도 끊임없이 언론에서 흘러나오고 있다.

사업이 점점 커지자 소림사는 사세를 확장하기 위해 윈난雲南 성의 주요 고찰을 대상으로 대대적인 인수 작업을 벌이기 시작했다. 그뿐 아니라 소림사 스님들은 경영 컨설턴트로서 윈난 성 쿤밍昆明 시에 있는 사찰들에 소림사의 경영 기법을 전수하고 있다.[1] 전문가들의 의견에 따르면 향후 20년 동안 소림사는 쿤밍 시 4개 사찰에서 출판 및 종교용품 판매 사업으로 큰 수익을 거둘 것이라고 한다.

가사袈裟 입은 CEO

이러한 대대적인 변화를 이끈 인물은 소림사의 주지, 스융신釋永信이다. 1987년 소림사 방장方丈(주지스님)으로 취임한 그는 1,500년 소림사 역사상 가장 젊은 방장이며, 중국에서도 명성이 높은 스님이다. 그러나 무엇보다 특이한 점은 미국

소림사에서 영화배우 성룡(가운데)과 소림사 방장 스융신 스님(오른쪽)이 새 영화 〈신소림사〉 제작 발표 기념 행사를 하고 있다(2009년 10월).
ⓒ 연합뉴스

MBA 출신이라는 이력이다.

소림사의 대변신은 스융신 스님의 20여 년에 걸친 비즈니스형 사찰 경영을 통해 이루어진 것이다. 그래서 스융신 스님에게 붙여진 별명이 '소림사 CEO'이다.

사실 소림사의 이런 변신을 두고 중국 내에서 의견이 분분하다. 사람들에게 마음의 안식을 줘야 할 사찰이 본연의 역할을 버리고 너무 물질만 추구하는 것이 아니냐, 소림사가 종교와 문화를 지나치게 상업화시키고 있다, 스융신은 추락한 수도자다 등 비난의 목소리도 크다.[2] 2009년 11월에는 소림사 경영에 불만을 품은 일부 해커가 "그간 돈벌이에 눈이 멀었다"는 내용을 담은 스융신 스님의 '거짓반성문'을 소림사 홈페이지에 게재하여 논란을 일으키기도 했다.

이러한 비난에 맞서 스융신 스님은 자력갱생自力更生을 주장한다. 즉, 소림의 전통이 '스스로 생활을 해결하는 것'이라는 사실을 생각해보면, 현대의 생존 방식에 맞춰 스스로를 변화시키는 것은 당연한 일이라는 것이다. 그는 이러한 비즈니스 마인드를 갖고 운영할 때 사회에 유익한 제품과 서비스가 나올 수 있다고 주장한다.

비즈니스적인 시각에서 보면, 소림사의 변신은 우리에게 시사하는 바가 크다. '변신은 과감히 하되 그 핵심가치Core Value는 지켜라!'라는 비즈니스 혁신의 기본 원칙을 철저히 지키고 있기 때문이다. 쿵푸라는 소림사만의 브랜드를 잘 살리면서, 그 범위 안에서 적극적인 변화를 추구하는 것이 스융신 스님의 소림사 경영 원칙이다. 소림사의 변신은 우리 기업이 새로운 사업을 모색할 때, 어떤 방식으로 접근해야 하는지에 대해 한 번쯤 참고할 만한 좋은 사례일 것이다.

테이트 모던 미술관의 이상한 선택

최
홍

영국 정부가 범국가적 이벤트로 추진했던 밀레니엄 프로젝트를 통해 새롭게 탄생한 테이트 모던 미술관Tate Modern Collection이 도시계획과 예술경영의 새로운 교범으로 회자되고 있다. 2000년에 템스 강변에 위치한 오래된 발전소를 리모델링해 오픈한 이 미술관은 매년 500만 명이 넘는 관람객이 다녀갈 정도로 현대미술의 새로운 메카로 떠올랐다. 또한 무명의 젊은 작가들이 하루아침에 예술스타로 일약 거듭나는 현대미술의 요람이기도 하다.

발전소 리모델링이 기획될 당시, 경영컨설팅 회사인 맥킨지McKinsey&Company는 미술관 건립을 통한 직접적 경제 효과가 연간 500억 원에 달할 것이라 예측했지만, 2000년 개관

이후 실제 유발된 경제 효과는 예상치의 4배가 넘는 2,400억 원에 이른다는 분석이 나오고 있다.[3] 대영박물관British Museum 이나 내셔널 갤러리The National Gallery에 버금가는 관광객을 끌어들이며 현대미술의 1번지인 뉴욕을 잔뜩 긴장시킨 이 미술관의 흥행비결은 과연 무엇일까?

흉물에서 랜드마크로 탈바꿈한 화력발전소

테이트 모던 미술관은 원래 런던 중심가에 전력을 공급하던 화력발전소였다. 이 발전소는 제2차 세계대전 후에 세워졌지만 '공해 문제'와 '석유파동'이라는 악재가 겹치면서 1981년에 운영이 중단된 채 폐쇄되어 흉물로 남아 있었다. 그리고 마침내 1990년대 중반, 영국 정부가 국가적 이벤트로 추진했던 밀레니엄 프로젝트Millennium Project를 통해 낙후한 템스 강 남부지역에 새로운 활력을 불어넣을 수 있는 랜드마크로 이곳을 지목하면서 새롭게 태어났다.

영국 정부는 우선 영국의 대표적인 문화 재단인 테이트 갤러리와 함께 이곳에 미술관을 건립하는 일에 의견을 모았다. 미술관 설계를 위해 테이트 갤러리 그룹이 실시한 국제 공모전에는 전 세계에서 내로라하는 건축가들이 참여했다. 그런데 최종적으로 당첨된 설계안은 모두의 예상을 벗어난 것이었다. 바로 "발전소 건물을 그대로 사용한다"는 계획안이었기 때문이다.

스위스의 두 젊은 건축가 자크 헤르조그Jacques Herzog와 피에르 드 뫼롱Pierre De Meuron은 이 거대한 잿빛 발전소 천장에 유리 지붕을 얹어 빛이 들어오게 하고, 중앙의 굴뚝은 반투명패널을 이용해 런던을 밝히는 등대로 바꾸었다. 그 결과 2000년 개장한 첫 해에만 500만 명 이상의 관람객이 다녀갈 정도로 성공을 거두었고, 이 사업은 밀레니엄 프로젝트 중 최고의 성공 사례로 평가받았다. 이 모든 것을 계획하고 작업한 헤르조그와 뫼롱은 2001년 건축의 노벨상이라 불리는 '프리츠커상Pritzker Architecture Prize'을 수상하기도 했다.

오래된 건물을 재활용한 사례는 비단 테이트 모던만이 아니다. 기차 역사驛舍를 미술관으로 탈바꿈시킨 독일의 반호프 현대미술관Hamburger Bahnhof이나 제분소를 재활용한 영국의 발틱 현대미술관BALTIC Centre for Contemporary Art, 설탕 공장을 활용한 이탈리아의 파가니니 음악당Auditorium Paganini 등, 건축물은 보존하면서 거기에 새로운 콘텐츠를 채워낸 사례들을 세계 곳곳에서 발견할 수 있다.[4] 그런데 그 중에서 유독 테이트 모던 미술관이 주목받는 이유는 발전소 리모델링을 통해 비용을 절감한 것은 물론, 런던의 오랜 역사에 대한 존경과 변화에 대한 기대를 함께 구현해냈기 때문이다.

테이트 모던 미술관은 세계의 산업문명을 주도했던 영

런던 템스 강에서 바라본 테이트 모던 미술관의 모습. 화력발전소의 흔적인 굴뚝이 눈에 띈다.
ⓒ 연합뉴스

국, 그리고 산업도시 런던의 상징이었던 발전소를 허물지 않고 오히려 그곳에 첨단 예술과 문화를 담아, 세계의 문화수도로서 런던이 지향하는 변화의 방향과 가치를 정확히 담아냈다. 즉, 과거와 현대의 경계 속에서 새로운 문화적 자극을 대중들에게 제공하는 동시에 과거 산업화시대의 성장과 앞으로 다가올 미래와의 교량 역할을 하는, '계승과 혁신'의 매개체로서 영국의 랜드마크가 된 것이다.[5]

테이트 모던이 포기함으로써 얻은 것

'계승과 혁신'의 철학에 따라 테이트 모던 미술관의 경영방식에서도 고전예술 비즈니스에서는 발견하기 어려운 새로운 시도들이 눈에 띈다. 테이트 모던 미술관은 작품 전시에서도 기존 미술관들이 엄수해온 연대기적 전시 구성을 포기하고 테마별 전시를 시도해,[6] 관람객들이 19세기 후반에서 20세기 후반의 컨템퍼러리 아트contemporary art를 한 곳에서 비교, 관람할 수 있도록 하는 흥미로운 구조를 가지고 있다. 20세기 초 인상파의 거두 모네와 미술계에 데뷔한 지 10년밖에 되지 않은 신진 작가의 작품이 나란히 전시되는 파격적인 공간이 바로 테이트 모던 미술관이다.

역량 있는 젊은 작가들을 발굴하고 이들의 실험적 작품들을 우선적으로 전시하는 것도 이 미술관만의 특징이다. 또한 '작품은 바라만 봐야 하는 것'이라는 통념을 깨고, 대중들이 다가가 만지고, 체험하고, 느낄 수 있는 현대적 조형 작품들을 자주 소개하는 것으로도 유명하다.

작품을 감상하는 관람객들의 자세에도 테이트 모던의 경영철학이 숨어 있다. 이 미술관을 방문하게 되면 작품을 감상하기 가장 좋은 위치에서 미술관이 제공한 간이의자를 펴고 앉아 있거나 아예 바닥에 편안하게 주저앉아 있는 관람객들을 쉽게 목격할 수 있는데, 이는 테이트 모던이 그간 고전

예술이 견지해온 공급자 위주의 전시철학을 수요자 중심으로 전환했기에 가능한 것이었다.

현대미술의 주도권을 되찾으려는 영국의 포부

요컨대 테이트 모던 미술관은 작가 중심의 예술경영에서 벗어나 관객 중심의 눈높이 경영을 시도하면서 큰 호응을 얻고 있다. 테이트 모던의 독특하고도 분명한 경영철학은 수시로 변하는 관객들의 요구를 파악하기 위해 전담 마케팅 부서를 두고 있다는 점과 미술관에 경영이나 교육 관련 인력이 큐레이터보다 더 많다는 점만 봐도 잘 알 수 있다. 그러나 다른 어떤 것보다도 놀라운 사실은 이러한 고객 중심의 파격적 경영에도 불구하고 영국의 다른 미술관이나 박물관과 같이 무료로 운영되고 있다는 점이다.

테이트 모던 미술관은 주로 복권사업을 통한 정부 지원금과 런던 시의 지방 예산 그리고 기업과 개인의 기부금으로 재정을 충당하고 있다. 특히 젊은 예술가들의 대중적 인지도를 높여서 이들의 가치를 인식한 후원자들로부터 더 많은 관심과 기부를 끌어내는 데 주력한다.

이런 파격적인 실험과 성공적인 마케팅이 큰 호응을 얻자 영국 정부와 런던 시도 지원을 아끼지 않고 있다. 물론 그

이면에는 미술관을 통해 얻는 국가적 차원의 홍보 효과와 시민의 문화적 복지 혜택에 대해 정부가 적정한 비용을 지불하겠다는 의지가 숨어 있다. 더 나아가 뉴욕으로 건너간 현대미술의 주도권을 되찾아오려는 영국의 포부가 담겨 있기도 하다. 테이트 모던 미술관이 훌륭한 작가를 발굴하고 더 많은 관객을 유치하는 데 주력할 수 있는 이유도 바로 여기에 있다.

개관 당시 영국의 미술평론가들과 박물관 관련 학자들은 여러 칼럼을 통해 "테이트 모던의 경쟁자는 다른 미술관이 아니라 바로 유로 디즈니랜드다."라고 테이트 모던에 대한 기대를 표출한 바 있다.[7]

　낡은 발전소 건물을 받아들이면서도 도도한 낡은 생각은 과감히 내던진 테이트 모던은 현대 경영이 성공을 위해 무엇을 버려야 하고 무엇을 취해야 하는지를 다시금 생각하게 만든다.

혁신의 기본기,
신시내티 병원

한일영

아이들을 데리고 소아과에 가본 사람이라면 알겠지만, 대개 소아과는 난리법석인 경우가 많다. 사방에서 아이들이 울고, 뛰어다녀서 정신이 없고, 기침하고 콧물 흘리는 아이들을 보면 오히려 병을 옮아오는 건 아닐까 걱정이 될 정도이다. 부모들의 이런 마음을 꿰뚫어 보고, 이를 혁신의 계기로 활용해서 큰 성공을 거둔 병원이 있다. 바로 미국 오하이오 주의 '신시내티 어린이 병원Cincinnati Children's Hospital'이다.

신시내티 어린이 병원은 입원 중 세균 감염이나 의료진의 실수로 인한 의료사고가 거의 없는 병원으로 유명하다. 2006년의 몇 가지 통계 결과를 보면, 2000년에 비해 퇴원이 지연된 건수가 50% 줄었고, 인공호흡기로 인한 감염은 무려

90%나 감소한 것으로 나타났다. 반대로 내원환자 수는 30%가 늘었고 수익은 10억 달러로 2배 증가했다. 그 결과 신시내티 어린이 병원은 2006년 미국병원협회가 주는 품질대상을 수상했다.

하드웨어가 아닌 소프트웨어에 주목한 혁신

신시내티 어린이 병원의 성공에 주목해야 하는 이유는, 그들의 성공 원인이 '첨단 의료시설 투자' 같은 하드웨어적인 요인이 아니라 소프트웨어의 혁신에 있기 때문이다.

신시내티 병원의 첫 번째 성공 요인으로는 '기본의 재확인'을 들 수 있다. 병원 내에서는 기본적인 사항을 무의식적으로 간과함으로써 실수에 의한 의료사고가 빈번하게 발생하곤 한다. 신시내티 어린이 병원에서는 이를 방지하기 위해 기본을 강조하는 프로세스를 마련했다. 예컨대 많이 발생하는 의료사고 가운데 하나는, 의사가 수술 전에 항생제를 투여하는 것을 잊어버려서 환자들이 세균에 감염되는 경우다. 이에 대한 대비책으로 이 병원에서는 이륙 전의 조종사가 여유시간을 갖도록 하는 제도처럼 수술에 참여하는 전 의료진이 수술 전 30초간 일손을 놓고 기본사항들을 재확인하는 시간을 의무적으로 갖게 했다. 이런 작은 제도를 도입하는 것만으로 세균 감염이 예년보다 50%나 감소하고, 의료비도 100만 달러 이상 절감할 수 있었다.

두 번째 성공비결은 핵심사항을 잘 찾아내서 즉각 개선에 나서는, 이른바 '혁신에 대한 집중력'이다. 신시내티 어린이 병원은 수술실의 가동률이 낮은 것이 가장 큰 낭비 요인이라고 진단했다. 종전에는 몇 달 전부터 여유 있게 수술 일정을 잡고 긴급 수술이 발생하면 끼워 넣는 식으로 수술실을 운영해왔지만, 이러다 보니 수술실 가동률의 변동이 심하고 긴급 수술에 호출되는 외과의사는 하던 일을 중단해야만 했다. 그래서 총 20개의 수술실 중 18개는 예정된 수술용으로, 나머지 2개는 긴급 수술용으로 배정하도록 개선했다. 그리고 시험적으로 45일간 이 시스템을 운영해본 결과 수술건수가 늘어난 것은 물론, 동시에 대부분의 의사들이 정시에 귀가할 수 있게 되었다.

혁신을 이끈 리더십: '다른 시각으로 보기'

성공의 마지막 열쇠는 바로 병원장의 리더십이었다. 다른 병원과는 달리 신시내티 어린이 병원의 제임스 앤더슨 원장 은 의사 출신이 아니다. 밸브를 만드는 제조업체의 CEO 출신으로 1996년에 병원장으로 영입되었다. 앤더슨 원장은 제조업체를 20년간 운영하면서 쌓은, '철저하게 낭비를 없애는 제조업 운영의 노하우'를 살려서 병원 혁신에 착수했다.

앞서 살펴본 2가지 성공비결 모두 자세히 보면 의료행위와는 직접적인 상관이 없는 개선의 결과였다. 즉, 앤더슨 원장은 다른 시각에서 새롭게 병원을 진단하고 개선사항을 찾아낸 것이다. 또 그는 각종 평가제도를 강화해서 방만한 병원 조직을 구조조정하기도 했다.

물론 이 과정에서 의사들의 반발이 만만치 않아 의료에 대해 알지도 못하는 원장이라는 비난을 들어야 했다. 이에 앤더슨 원장은 의료진 중 개혁 성향이 강한 코타걸^{Uma R. Kotagal} 박사를 품질개선 담당으로 임명해, 변화에 저항하는 의사들을 설득하기 시작했다. 코타걸 박사는 의료 현장의 경험을 바탕으로 환자가 퇴원할 때까지의 치료 절차와 기준을 만드는 등 병원장의 개혁이 연착륙할 수 있도록 돕는 역할을 했다. 그 결과 앤더슨 원장의 CEO 경험과 코타걸 박사의 전문가적 역량이 잘 조화를 이루면서 신시내티 어린이 병원은 새롭게 변신할 수 있었다.

신시내티 어린이 병원의 혁신 사례를 보면 품질과 안전의 중요성에 대해 다시 한 번 생각하게 된다. 그것은 바로 품질과 안전이야말로 브랜드, 고객만족, 수익성 등 모든 경영성과를 높이는 데 기초가 된다는 사실이다. 또 개혁은 기본기와 일상에서 시작된다는 점도 놓쳐서는 안 될 교훈이다. 거창한 혁신 계획에 앞서 업무 프로세스에 대한 면밀한 분석과 새로운 시각으로 문제점을 발견하고 이를 바꿔 나가는 철저함이 더욱 필요하지 않을까.

움프쿠아의
감동 혁신법

김근영

우리에게 '은행'이란 어떤 공간일까? '즐겁고 재미있고 편안한 휴식을 제공하는 곳'이라고 생각하는 사람은 거의 없을 듯하다.

그런데 정말로 고객들이 그렇게 생각하는 은행이 있다. 금융위기가 광풍처럼 거세게 몰아친 지난 몇 년 동안에도 자신들만의 차별화된 전략을 고수하며 묵묵히 성장하고 있는 '움프쿠아 은행Umpqua Bank'이 바로 그 주인공이다. 움프쿠아 은행은 미국 서부 오리건Oregon 주를 기반으로 한 지역은행이다.

경기침체로 고전하는 많은 은행들이 지점이나 인력을 축소하며 몸집 줄이기에 나섰다. 게다가 인터넷 뱅킹이나 현금

인출기 보급이 확대되면서 지점망 축소가 더욱 가속화되고 있다. 미국 최대 은행인 뱅크오브아메리카Bank of America조차 지난 2009년 7월 전체의 10%에 달하는 6,100개 지점을 정리하겠다는 계획을 발표한 바 있다.[8]

그런데 움프쿠아 은행의 행보는 조금 다르다. 지난 2006년 당시 127개였던 지점 수는 2009년에 151개로 늘어났고, 자산 또한 73억 달러에서 86억 달러로 증가했다. 2008년에는 미국의 종합경제지 《포천》이 선정한 '일하고 싶은 100대 기업'에서 13위를 차지했고, 직원 수도 2000년 160명에서 2008년 1,700명 수준으로 10배 이상 늘어났다.

움프쿠아 은행은 어떻게 지속적인 성장을 거듭할 수 있었을까? 그 해답은 바로 역발상을 통한 혁신에서 찾을 수 있다. 다르게 가는 움프쿠아의 역발상 혁신은 과연 무엇일까?

머물고 싶은 은행

움프쿠아 은행의 첫 번째 혁신은 '고객이 머물고 싶은 은행을 만들자'는, 공간에 대한 역발상에서 비롯되었다.

다른 은행들이 비용 절감을 이유로 지점 축소에 나설 때, 움프쿠아 은행은 거꾸로 지점을 고객유치의 핵심 공간으로 인식하고 투자를 아끼지 않았다. 고객이 지점에 머무는 시간이 길수록 투자하는 금액도 커진다는 이른바 '슬로우 뱅킹 slow banking' 이론에 입각해서 지점을 고객이 머물고 싶은 공간으로 바꿨다.

지점 내에 호텔급의 안내 데스크와 고급 카페, 인터넷을 이용할 수 있는 회의실, 금융 정보를 제공하는 터치스크린 모니터 등을 설치했다. 기존 은행들이 지닌 딱딱하고 무미건조한 이미지에서 벗어나 고객들이 색다른 분위기를 즐기며 편안한 마음으로 이용할 수 있는 스타일리쉬한 공간으로 탈바꿈시킨 것이다.

이런 방식으로 리노베이션한 지점이 거둔 평균 예금액은 일반 지점의 130%, 금융상품 판매액은 200%에 달했다.

지역주민을 위한 은행

움프쿠아 혁신의 두 번째는 '지역주민은 누구나 우리의 고객'이라는, 고객군에 대한 역발상이다.

기존 은행들이 자사의 성장과 수익에만 관심을 가질 때, 움프쿠아 은행은 지역사회의 번영을 위해 헌신하는 공동체의 일원이란 이미지를 심어주고자 노력했다. 이른바 지역밀착형 영업방식에 중점을 둔 것이다. 지점에서 영화 상영, 요가, 뜨개질 강좌 등을 정기적으로 개최하거나 지역의 유망한 음악가들을 발굴하는 '디스커버 로컬 뮤직 프로젝트Discover Local Music Project'⁹를 추진하는 등 여러 활동을 전개했다. 덕분에 그동안 은행을 잘 찾지 않던 젊은 층이나 가정주부들까지 흡수하는 효과를 거뒀다.

또한 움프쿠아의 직원들은 커넥트 볼런티어 네트워크 Connect Volunteer Network 프로그램을 통해 연간 40시간 이상을 지역사회단체 또는 교육기관에서 봉사한다. 이런 노력을 통해 은행 지점은 지역 커뮤니티의 거점이자 문화공간으로 탈바꿈했다. 기존 고객의 방문이 늘었음은 물론이고 신규 고객을 창출하는 효과도 가져왔다.

한편, 지역공동체 내에서 기업과 개인을 위한 다양한 대출상품을 개발하여 지역사회의 성장을 도모하고 지역경제를 활성화시켰다는 평가도 있다. 가정과 중소기업의 에너지 효율성 증진과 친환경 대체에너지 사업을 지원하는 '그린 스트리트Green Street' 상품을 개발했고, 서부 지역의 특화사업인 양조장과 와이너리winery를 위한 상업융자 지원을 위해 와인산업대출 전담팀도 운영하고 있는 중이다.

대출을 원하는 지역기업들에게 움프쿠아는 가장 존경하고 신뢰할 만한 파트너로 인정받고 있다. 2006년 《뉴욕타임스》에 실린 오리건 주 CEO 대상 인터뷰에서 움프쿠아 은행은 "오리건 주의 칭송받을 만한 금융 서비스 기업이다."라는 평을 받았다.¹⁰

감동적인 서비스를 제공하는 은행

움프쿠아의 혁신을 가능케 한 세 번째는 '은행에서도 호텔급의 감동 서비스를 받을 수 있다'는, 서비스에 대한 역발상이다.

지점 시설에 대한 투자가 하드웨어적인 혁신이었다면 직원에 대한 투자는 소프트웨어적인 혁신이다. 움프쿠아 은행의 직원들은 리츠칼튼 호텔이 운영하는 서비스스쿨에서 연간 40시간의 교육 과정을 이수해야 한다. 그곳에서 고객의 눈높이에 맞춘 서비스 기법을 배운다. 고객의 평가가 인사고과에서 핵심적인 결정 요소로 반영되기 때문에 이는 매우 중요한 교육이다.

서비스가 향상되자 고객의 반응은 폭발적이었다. 고객들은 호텔과 같은 훌륭한 서비스를 받으면서 삶의 여유를 느꼈을 뿐 아니라 무언가 중요한 사람으로 대접받고 있다는 사실에 감동하고 매료되었다.

《뉴욕타임스》가 "움프쿠아 은행은 단순한 금융기관이 아니라 라이프스타일이다."[11]라고 평가한 것도 바로 고객의 마음을 파고드는 소프트 경쟁력의 성과를 인정한 것이다. 하지만 움프쿠아 은행 역시 처음부터 이런 과감한 모험을 한 것은 아니었다.

"지금의 상태를 변함없이 그대로 유지하고 싶다면 저는

적합한 사람이 아닙니다. 그러나 주주들에게 가치를 창출해 줄 전면적인 변화를 원하신다면 제가 적임자입니다."

오랫동안 재임했던 은행장이 퇴임하고 레이 데이비스^{Ray} ^{Davis}가 새로운 행장으로 취임하면서 한 말이다. 그는 이러한 역발상적 혁신의 이유를 다음과 같이 정리한다.

"사람들은 왜, 무엇을 위해 은행에 오며, 은행은 무엇을 제공하고 어떻게 보고 듣고 느껴야 하는가에 대한 고민을 계속했습니다. 그리고 오랜 고민 끝에 그 해답을 찾았습니다. 고객들은 은행을 자신의 재정적인 목표를 이루는 데 꼭 필요한 동반자로 인식하고, 직원들은 개인적으로나 직업적으로 크게 성공할 수 있는 장으로 인식하며, 지역사회는 그 미래에 대한 우리의 참여와 투자로 유익을 얻을 수 있는 곳이라고 인식하도록 독특하고 기억에 남을 만한 환경을 조성해야 한다는 것입니다."

내수시장의 침체, 경쟁의 심화 등 기업환경이 갈수록 어려워지는 이때, 고객을 감동시킬 수 있는 혁신이란 무엇일까? 움프쿠아 은행의 비전을 통해, 지금 어떤 고민을 하며 어떤 해답을 찾고 있는지 돌아볼 필요가 있을 것이다.

폭스바겐, 성공을 위해 포기한 3가지

김상범

2009년 11월 폭스바겐Volkswagen 그룹의 생산량이 사상 최초로 도요타를 추월했다. 폭스바겐은 2009년 들어 9월까지 총 440만 대를 생산하였는데, 이것은 같은 기간 400만 대를 기록한 도요타의 생산량을 넘어선 수치다(회계연도 기준으로는 2009년 도요타가 640만 대, 폭스바겐이 630만 대를 생산).[12] 누적대수로 세계 1위에 오른 것이다. 2007년 GM, 도요타, 포드에 이어 세계 4위 업체에 불과했던 폭스바겐은 2008년부터 착실히 단계를 밟아 1위의 권좌를 차지했다.

폭스바겐의 약진은 이미 2009년 5월부터 예상되었다. 바로 유럽 최대 자동차업체를 꿈꾸던 포르쉐Porsche와의 지분 늘이기 경쟁에서 승리하면서 '골리앗을 쓰러뜨린 다윗'으로

폭스바겐 드레스덴 공장 내부의 다목적홀 모습.
자료 : http://blog.naver.com/motorblog

불렸기 때문이다. 이후 폭스바겐 그룹은 유럽 최대의 자동차 메이커로서 자동차업계의 새 판 짜기에 나섰고, 2009년 상반기 세계 시장점유율 12%를 달성하는 성과를 거두었다.[13] GM, 포드 등 미국 업체들이 하락세를 면치 못하는 가운데 세계 시장점유율을 2.1% 늘린 것이다.

　폭스바겐은 이러한 성공에 대해 '3가지를 포기했기 때문에 가능했다'고 스스로 분석했다. 과연 폭스바겐이 성공을 위해 포기한 것은 무엇이었을까?

선택과 집중 대신 유연성!

첫째로, 폭스바겐은 선택과 집중을 포기했다.

일반적으로 기업경영에서는 활용 가능한 자원이 제한적이기 때문에, 핵심 사업을 선정해서 이를 집중적으로 육성한다. 대신 다른 부진한 사업들은 과감히 포기한다. 이것이 바로 기업경영에서의 선택과 집중이며, 전략의 핵심이라 할 수 있다. 실제로 경쟁사인 GM은 '선택과 집중' 전략을 선택했다. 새턴Saturn과 같이 일부 차종에 핵심 R&D 인력을 집중하고, 아예 별도의 공장에서 생산했다. 마케팅도 완전히 차별화했다.

하지만 폭스바겐 그룹은 달랐다. 폭스바겐 그룹 부사장인 크리스티안 클링글러Christian Klingler는 "위기를 극복하려면 어느 것 하나 부족함이 없어야 한다."라고 말한 바 있다. 실제로 폭스바겐은 지속적인 M&A를 통해서 폭스바겐, 아우디, 벤틀리, 부가티, 세아트, 람보르기니 등 총 9개 브랜드를 갖추고 이 모든 브랜드가 최고가 될 수 있도록 노력했다. 한마디로 선택과 집중 전략과는 정반대로 움직인 것이다.

폭스바겐의 이러한 패러독스 전략은 최근의 글로벌 불황에 빛을 발했다. 일반적으로 불황기에는 소형차 또는 최고급 럭셔리 차가 잘 팔리고, 중대형차는 판매가 어려운 편이다. 그런데 제품 포트폴리오가 다양한 폭스바겐은, 일부 브랜드가 취약하면 다른 브랜드가 받쳐주면서 위기를 극복할 수 있었다. 위기에는 '선택과 집중'보다 '유연성'이 중요하다는 사실을 다시 한 번 확인한 것이다.

규모의 경제 대신 플랫폼 공용화!

둘째로, 폭스바겐은 규모의 경제를 포기했다.

대표적인 장치산업인 자동차 사업은 대량생산을 통한 원가경쟁력 확보가 중요하기 때문에, 대부분의 업체가 '규모의 경제'를 지향한다. 한 장소에서 똑같은 제품을 대량으로 생산하면 보다 저렴하게 생산할 수 있기 때문이다.

하지만 폭스바겐 그룹은 다르게 접근했다. 똑같은 제품을 생산하면 고객의 다양한 취향을 맞출 수 없다고 판단한 것이다. 그렇다면 단일한 생산체계를 가지고 화려한 디자인을 좋아하는 중국인부터 단순한 아름다움을 추구하는 독일인까지 고객들의 서로 다른 다양한 취향을 어떻게 만족시킬 것인가? 이에 폭스바겐은 중국, 멕시코, 남아프리카공화국, 스페인, 체코, 포르투갈 등 전 세계에 현지형 생산시설을 건설했다. 그리고 지금은 현지 전용 모델이 전체의 80%를 육박할 정도이다.

그런데 여기서 한 가지 의문이 생긴다. 현지 개별생산을 통해서 올라가는 비용은 어떻게 관리할 것인가 하는 문제이다. 폭스바겐 그룹은 한마디로 플랫폼 공용화를 통해서 이 문제를 해결했다. 자동차 외관에 큰 영향을 주지 않는 부품을 모듈화하고 최대한 플랫폼화함으로써 원가절감을 꾀한 것이다.

그 결과, 1990년대 16개에 달하던 플랫폼을 2006년 4개의 공용 플랫폼으로 정리할 수 있었다. 예를 들어, GM이 플랫폼당 2종의 파생 자동차를 개발할 때, 폭스바겐 그룹은 11종의 파생 자동차를 제작할 수 있었다고 한다. 이것이 제조원가를 절감하면서도, 동시에 소비자의 선택 폭을 확대시킨 원동력인 셈이다.

해고 대신 일자리 나누기!

폭스바겐이 포기한 3가지 중 마지막은, '어려우면 해고한다'는 고용에서의 통념이다. 폭스바겐은 이러한 기존의 노사관계를 과감히 폐기하고 새로운 관계를 정립했다.

일손이 많이 필요한 산업에서는 노사관계가 악화될 확률이 높다. 전체 변동비 중 인건비가 차지하는 비중이 높다 보니, 아무래도 회사 측과 노조 측의 이해관계가 대립되는 경우가 더욱 많기 때문이다. 폭스바겐 그룹도 2000년대 초반에 위기를 맞이했다. 그로 인해 2003년 순이익이 전년 대비 61% 급감하고 세계 시장점유율도 2001년 9.2%에서 2003년 8.2%로 급감했던 것이다.[14]

이때 생존의 갈림길에 선 폭스바겐 그룹의 대응은 남달랐다. 정리해고를 단행하는 대신 이른바 '아우토 5000' 프로그램을 추진한 것이다. 이를 한마디로 설명하면 '성공적인 일자리 나누기' 계획이라고 할 수 있다. 노조 측 역시 단축근무, 순환근무 등을 통한 임금삭감에 전격적으로 동의했다. 폭스바겐 그룹은 정리해고를 최대한 자제하는 것은 물론 장기 실업자를 적극적으로 채용하면서 사회적 기대에 화답했다.

당시의 경영위기를 거치면서 맺어진 동반관계는 최근 글로벌 금융위기에 더욱 빛을 발하고 있다. 서로 긴밀히 협력하면서 위기극복의 지혜와 힘을 모을 수 있기 때문이다.

글로벌 경영위기의 거센 파도를 넘고 있는 지금은 그 어느때보다 경영환경의 불확실성이 높은 시기이다. 계획하는 것도, 준비하는 것도 많겠지만 폭스바겐의 성공사례를 보면서 혹시 버려야 하는 것들은 없는지 재점검해보는 것도 새로운 돌파구가 될 것이다.

성숙시장에서 꽃피우는 법

이정호

'시장이 성숙했다'는 것은 기업의 입장에서 보면 여러모로 적신호다. 문구 시장은 그야말로 대표적인 성숙시장이다. 어린 시절부터 수많은 문구를 닳을 때까지 써본 소비자들은 까다로운 전문가 수준인데, 진입장벽은 낮아 신제품들이 홍수처럼 몰려온다. 최근에는 중국산 문구까지 가세하여 저가경쟁이 치열하다. 게다가 저출산으로 시장 규모가 확연하게 줄어들었다. 어디 하나 만만한 구석이 없어 보인다.

그런데 이런 사면초가의 상황에서 보란 듯이 성공한 일본 문구 제조사들이 있다. 이들을 통해 불황기 성숙시장의 성공 키워드를 알아보자.

T자형 타깃팅

성숙시장에서 염두에 두어야 할 첫 번째 키워드는 헤비유저와 대중을 동시에 겨냥한 'T자형 타깃팅'이다. 문구를 가장 많이, 자주 쓰는 소비자들을 겨냥해 제품을 개발하고 그 결과를 바탕으로 대중시장까지 공략한다는 것이다. 제품의 품질로 승부한다는 점에서 정공법이라 할 수 있다.

대표적인 사례가 바로 미쓰비시연필의 '제트스트림Jet Strem 볼펜'이다. 글씨를 많이 쓰는 사람들은 볼펜을 오랜 시간 눌러 쓰다 보면 손이 얼얼해지는데, 그렇다고 수성펜을 쓰자니 땀 때문에 잉크가 번져서 불편하다고 말한다. 미쓰비시연필은 이런 딜레마를 절묘하게 해결했다.

유성볼펜을 쓸 때 드는 평균 압력(100그램)의 50%(50그램)만 가해도 수성펜처럼 부드럽게 써지는 제트스트림을 만든 것이다. 그 결과 제트스트림은 일반 볼펜보다 1.5배 가까이 비싸지만, 고시생 같은 헤비유저는 물론, 필압이 약한 노년층이나 여성에게도 큰 호응을 얻었다. 2006년 출시 6개월 만에 전 세계에서 1,000만 자루가 판매되었고, 지금도 일본에서 매달 100만 자루씩 팔려 나가는 스테디셀러로 자리잡은 것이다.[15]

'바이모11Vaimo11' 역시 T자형 타깃팅으로 성공한 대표적인 사례다. 일본 최대의 스테이플러 제조사 맥스MAX가 개발한 바이모11은 서류 40장을 가뿐하게 철할 수 있는 휴대형 스테이플러다. 이 제품은 두꺼운 자료를 자주 철하는 사무원, 프레젠터 등 헤비유저 사이에서 대 히트를 기록했다. 여성에서 노약자까지 만족시키는 유니버설 디자인으로 2008년 굿 디자인상도 수상했다.

제로베이스 R&D

성숙시장에서의 성공을 위한 두 번째 키워드는 '제로베이스 R&D'이다. 소재나 핵심부품의 근본부터 재검토하는 가치혁신 전략이다.

파일럿PILOT사의 '프릭시온 볼FriXion Ball'이 대표적인 사례다. 프릭시온 볼은 연필처럼 지워지는 볼펜이다. 지금까지 지워지는 펜이 여러 가지 형태로 나왔지만 그다지 큰 호응을 얻지는 못했다. 글씨가 지워지더라도 흔적이 남거나 종이가 구겨지는 등 고질적인 문제가 해결되지 않았기 때문이다. 이는 글씨를 '지운다'는 것을 지우개처럼 '비벼서 벗겨낸다'는 고정관념으로만 접근한 결과였다.

그런데 파일럿의 프릭시온 볼은 달랐다. 지운다는 것의 의미를 '벗겨낸다'에서 '사라지게 한다'로 새롭게 정의한 것이다.

원리는 간단하다. 프릭시온 볼에는 65℃에서 탈색되는 메타모Metamo 잉크가 들어 있다. 펜 뒤의 지우개로 문지르면 마찰열로 인해 글씨가 투명하게 변한다. 심지어 노트 한 면이 필기로 가득해도 드라이어로 3초만 '데우면' 빈 노트로 바뀐다.

프릭시온 볼은 2007년 일본 발매 3개월 만에 250만 자루가 판매되었고 2009년까지 전 세계적으로 1억 자루 이상 판매된 글로벌 히트상품이 되었다.[16]

앞선 소개한 '바이모11'은 '제로베이스 R&D'라는 측면에서도 좋은 사례이다. 제조사 맥스는 보통 스테이플러보다 적은 힘으로 몇 배나 많은 양을 찍을 수 있도록 하기 위해 본체와 심을 모두 재설계했다. 쉽게 말해 총과 총알을 한꺼번에 바꾼 것이다.

심이 가늘어 쉽게 철할 수 있지만 20장이 한계인 10호침, 20장 이상도 철할 수 있지만 심이 굵어서 탁상형 스테이플러로만 철할 수 있는 3호침, 이 두 침의 한계를 극복하기 위해 독자적인 규격의 '11호침'을 개발했다. 또한 본체의 누름판 위에 지렛대를 설치하는 파격적 메커니즘을 채택해 휴대용으로는 불가능하다고 여겨졌던 '마魔의 40장'까지 한 손으로 철할 수 있는 제품을 만들어냈다.[17]

이런 큰 리스크를 떠안은 혁신성을 강조하기 위해 맥스는 '바이모11'을 일반 종이박스 포장 대신 투명한 플라스틱에 11호심 한 박스와 함께 포장해 판매한다.

1만 시간의 열정

세 번째의 키워드는 업의 경계를 초월한 '1만 시간의 열정'
이다.

미쓰비시연필의 개발자 이치가와 히데토시市川秀壽는 일
반 남성보다 필압이 유난히 약한 사람이었다. 그래서 평소
수성볼펜을 애용했다고 한다. 그런데 공교롭게도 유성볼펜
개발팀으로 발령이 난 것이다. 그때 착상한 것이 바로 '수성
볼펜처럼 가볍게 쓸 수 있는 유성볼펜'이었다. 그는 수성볼
펜처럼 부드러우면서도 색감이 진하고 빨리 마르는 유성잉
크를 만들기 위해 5년이라는 긴 시간을 투자했다.[18]

지워지는 볼펜 '프릭시온 볼' 역시 마찬가지였다. 특정
온도에서 투명해지는 잉크는 이미 1970년대 초 나카스지 겐
이치中筋憲一(현 파일럿 잉크 사장)가 개발했다. 하지만 변색되는
온도 폭이 좁고 쉽게 색이 되살아나 수십 년간 완구나 잡화
에만 사용되어왔다.

하지만 '열로 투명해지는 잉크'를 필기도구에 탑재하기
위한 나카스지의 열정은 변함이 없었다. 그는 2004년, '유럽
에는 연필보다 볼펜을 쓰는 사람이 많은데, 지울 수 있는 볼

펜을 만들면 히트할 것'이라는 프랑스 바이어의 제안에 따라 본격적인 상용화 연구에 들어갔다.

그리고 변색되는 온도 폭을 넓히고 안료가 되는 마이크로캡슐을 초소형화하는 등 기술적 과제를 극복해 드디어 2006년 프릭시온 볼의 상품화에 성공했다. 30년 이상의 노하우를 바탕으로 충실한 연구를 반복한 밀착형 연구의 승리였다.[19]

이상 대표적인 성숙산업으로 알려진 문구 산업의 성공사례로부터 발견한 불황기 극복 키워드 3가지를 알아보았다. 요약하면 다음과 같다.

첫째, 혁신의 실마리는 헤비유저가 쥐고 있다. 그들의 숨은 니즈를 찾아 대중시장에 어필할 지혜를 얻으라.

둘째, 표면적 변화보다는 소재나 메커니즘의 근본부터 바꿔 경쟁자가 따라오지 못할 가치혁신을 이루라.

셋째, 업業의 경계를 넘나드는 인재를 확보하고 이들이 낸 아이디어를 충분히 숙성시키라.

성장 돌파구를 찾으려는 이들이라면 한 번쯤 곱씹어봐야 할 키워드들이다.

샤넬을 먹고,
아르마니에서 잔다?

하
송

명품에 대한 욕구가 높아지면서 작은 액세서리 하나라도 명품을 소유하겠다는 '일품명품' 현상은 이제 주변에서 쉽게 찾아볼 수 있다. 2007년 《포천》지에서는 맥도날드와 럭셔리의 합성어인 '맥럭셔리Mcluxury'라는 단어를 사용하기도 했다.[20] 이는 맥도날드 햄버거처럼 누구나 쉽게 명품을 접하게 되었다는 뜻이다.

이처럼 명품을 구입하려는 계층이 다양해지면서 명품이 대중화되자 각 브랜드들은 다양한 형태로 이에 대응하고 있다. 시계 브랜드인 오메가Omega에서 반지와 지갑을 출시하기도 하고, 프라다Prada와 도나 카란Donna Karan이 비교적 낮은 가격의 세컨드 브랜드 '미우미우Miu Miu'와 'DKNY'를 선보이는 등 '매스티지masstige 전략'을 쓰고 있다.

하지만 한층 더 나아가 샤넬Chanel, 프라다, 아르마니
Armani 등의 패션 명품 브랜드는 제품 매장이 아닌 새로운 장
소에서 전혀 색다른 형태로 소비자들을 매혹시키고 있다. 이
처럼 영역 확장을 넘어 영역을 파괴하고 있는 패션 명품 브
랜드들의 대중화 전략에 대해 살펴보자.

라이프스타일 전체로 파고든 명품

최근 명품 브랜드는 입고 신는 것에서 벗어나 먹는 것까지,
라이프스타일 전체에 스며들고 있다.

도쿄 긴자 샤넬 빌딩 10층에는 '베이지Beige'라는 레스토
랑이 있다. 샤넬과 세계적인 셰프 알랭 뒤카스Alain Ducasse 팀
이 손잡고 운영하는 곳으로, 도쿄 최고의 레스토랑으로 각광
받고 있다.

베이지는 철저히 예약제로 운영되며 입장부터 남다르다.
베이지의 고객은 이곳의 드레스코드인 '블랙 의상'을 입고
와야만 한다. 이곳을 찾는 고객들은 샤넬의 트위드 정장을
입은 리셉셔니스트의 안내를 받아 샤넬의 로고가 새겨져 있
는 엘리베이터를 타고 올라간 다음, 샤넬 운동화를 신은 웨
이터의 서비스를 받게 된다. 각종 인테리어에서 종업원 복장

까지 샤넬 브랜드로 꾸며져 있어 고객들에게 색다른 브랜드 체험을 선사해주고 있는 것이다.

구찌^{Gucci} 역시 도쿄 긴자와 이탈리아 밀라노에서 카페를 운영하고 있다. 유명 제빵사가 직접 만든 초콜릿에서 커피 위에 올려진 라떼아트^{Latte Art}까지 구찌의 로고로 장식해 고객들에게 독특한 즐거움을 선물한다.

세계의 패션도시에 세워지는 명품 브랜드 호텔

명품 브랜드의 호텔 사업도 활발하게 이루어지고 있다. 이미 세계 주요 패션도시에는 명품 브랜드에서 운영하는 호텔이 자리잡고 있는 경우가 많다. 단순히 숙박 장소를 넘어서 관광명소로 각광을 받고 있는 곳으로는, 이탈리아 피렌체의 '페라가모 호텔', 호주 골드코스트^{Gold Coast}의 '베르사체 호텔', 밀라노의 '불가리 호텔'을 꼽을 수 있다.

특히 아르마니는 두바이를 시작으로 향후 전 세계 10개 도시에 호텔과 레지던스를 세울 계획이라고 밝힌 바 있으며, 패션의 중심지인 이탈리아 밀라노에도 2011년 호텔을 오픈할 예정이다. 명품 상점이 즐비한 몬테 나폴레오네^{Via Monte Napoleone} 거리가 시작되는 상징적인 위치에 입지한 이 호텔의 인테리어는 가구와 생활용품 모두 아르마니 까사의 제품으로 꾸며진다고 한다. 호텔 사업과 인테리어 사업을 자연스럽게 연결한 것이다.

이처럼 아르마니는 다른 명품 브랜드와 달리 브랜드를 단순히 빌려주거나 홍보하는 수단이 아니라 새로운 사업으로 접근하고 있다.

명품의 대중화 전략으로
다양해진 기회를 활용하라

한편, 프라다의 대중화 전략은 이들과 조금 다르다. 대중의 예술과 문화생활을 통해 그들에게 다가가는 전략으로, 일명 '프라다 트랜스포머Prada Transformer'라고 불린다.

프라다는 2009년 3월, 서울 경희궁 안에 '프라다 트랜스포머'라는, 회전이 가능한 건축물을 설치하고 그 안에서 패션쇼나 영화 상영회, 미술품 전시회 같은 문화행사를 진행했다. 무려 100억 원의 자본이 투입되고 준비 기간만 꼬박 2년이 걸린 대규모 프로젝트였다. 또한 밀라노에 위치한 약 5,300평 규모의 양조장을 예술 전시 공간으로 바꾸는 프로젝트도 2012년까지 완성할 계획이라고 한다.[21]

프라다는 1993년 순수예술과 인문학을 지원하기 위해 설립한 비영리 재단인 '프라다 재단'을 통해 '문화 마케팅'에도 힘을 쏟고 있다. 브랜드의 공익적인 이미지를 심어줌과 동시에 자연스럽게 브랜드에 예술의 이미지를 담고자 하는 것이 프라다의 계획인 것이다.

이처럼 세계적인 명품 브랜드들은 기존의 도도한 태도에서 벗어나 대중 속으로 다가가기 위해 노력하고 있다. 이는 동종업체의 평면적인 시장점유율 경쟁이 타 업종과의 점유율 경쟁으로 확대되고 있는 것을 의미한다.

나이키의 경쟁상대가 닌텐도가 된 것처럼, 이제 호텔 그룹 힐튼의 경쟁 상대는 아르마니와 페라가모가 된 것이다. 이런 업계 간 울타리의 파괴는 더욱 치열하고 광범위한 경쟁을 의미하기도 하지만, 한편으로는 우리 기업에게 더욱 다양한 기회가 열렸다는 것을 의미하기도 한다.

우리 기업이나 상품의 이미지를 높이는 데 명품의 이미지를 활용하는 방법을 모색해보는 것은 어떨까? 단, 해당 브랜드가 명품의 이미지를 확고히 하고 있는지, 그 이미지가 이미 퇴색된 브랜드는 아닌지를 우선적으로 꼼꼼히 따져보아야 함은 두말할 필요가 없을 것이다.

전략은 진화한다!
메리어트 호텔

이민훈

고객들이 가장 좋아하는 쇼핑의 원칙은 '좋은 제품을 싸게 사는 것'이다. 하지만 명품처럼 고급·고품격을 지향하는 제품들에는 이런 원칙이 통하지 않는다.

어떤 제품이든 가격을 내리려면 원가절감이 필수적인데, 고객들은 고급 제품들의 가격이 내려가면 서비스나 품질도 떨어진다고 생각하는 경향이 있다. 이런 생각은 브랜드 파워에도 막대한 영향을 미친다는 것이 업계의 정설이기도 하다.

그런데 최고급을 지향하는 메리어트 호텔Marriott Hotel은 가격을 내리면서도 서비스 품질은 유지하는 어려운 모험을 시도함으로써 성공적인 성과를 거두었다.

전 세계적인 불황의 여파로 2009년 관광업계의 침체는

9·11 테러 직후보다 더 심각한 수준이었다. 메리어트 호텔의 회장 J. W. 빌 메리어트 주니어Bill Marriott, Jr.도 "내 생애 이렇게 심각한 경기침체는 본 적이 없다."라고 말할 정도였다.[22]

원래 메리어트 호텔은 '직원의 행복이 최우선이며, 행복한 직원은 곧바로 행복한 고객으로 직결된다'는 직원 우선 경영철학으로 유명했다. 그래서 수십 개의 고급 호텔 체인들이 이 철학을 최고의 덕목으로 삼고 메리어트를 벤치마킹하기도 했다. 실제로 메리어트는 창업 초기부터 의사를 고용해서 주방 직원이나 웨이트리스들의 건강을 일상적으로 챙겼고, 다른 업체들이 미처 생각지 못했던 해외 연수나 다양한 진급 기회를 개발했다.

하지만 2008년 결국 메리어트는 1,000명의 직원을 정리해고해야 했다. 그리고 기업의 철학을 저버릴 정도로 위기가 심각해지자, '바뀐 시대에 맞는 합리적 전략'이라는 기치를 내걸고 전에 없던 과감한 개혁을 추진해 나갔다.

가장 대표적으로, '무료 투숙과 호텔 요금 할인'을 감행하고 2009년 객실 평균 단가를 17~20% 정도 낮추었다. 그 덕분에 인도네시아의 메단Medan에 신축된 JW메리어트는 하룻밤 85달러면 투숙이 가능하고, 서인도 제도의 퀴라소 섬에 있는 해안 리조트와 카지노 객실은 120달러면 예약할 수 있게 되었다.

여기서 주목할 것은 메리어트가 가격을 낮추면서도 명품

의 품위를 잃지 않았다는 점이다. 메리어트에게는 나름의 전략이 있었다.

새로운 타깃을 설정하다

무엇보다 먼저, 메리어트는 가격 인하 정책에 맞게 고객층을 새롭게 설정했다.

호텔산업이 무르익기 시작한 1950년대부터 지금까지, 고급 호텔들의 주요 단골 고객은 '60세 이상의 남성'이었다. 따라서 호텔들은 이들을 위한 고급 서비스 개발에 매진했고, 메리어트 호텔도 예외는 아니었다.

하지만 최근 메리어트는 변하고 있는 호텔 고객들의 트렌드를 주시했다. 사람들이 예전만큼 여행을 하지 않는 데다 새로운 호텔들이 꾸준히 늘고 있는 요즘, 휴가를 보내려고 찾아오는 실버층만을 하염없이 기다릴 수만은 없는 노릇이었다.

그보다는 단골 고객들의 연령층이 젊어졌다는 점과 또 여성 고객들이 갈수록 증가하고 있다는 사실에 주목하여 메리어트는 '30~40대 젊은 사업가', 특히 '젊은 여성 사업가'를 주요 타깃으로 정했다. 그리고 로비나 욕실의 인테리어 같은 미적 디자인에 초점을 맞추고 리모델링을 하는 등 증가하는 여성 사업가층에게 어필하고자 노력했다.

그 결과 메리어트의 합리화 정책은 결국 타깃 고객들에게 열정적인 호응을 불러일으키는 데 성공했다. 소득의 높고 낮음과는 상관없이 합리적 소비생활을 추구하는 젊은 고객들에게 메리어트의 가격 할인 정책은 품질 하락이 아닌, 현실을 직시한 현명한 선택으로 받아들여졌기 때문이다.

직원의 행복에 더 관심을 기울이다

둘째로, 메리어트 호텔은 직원과 한발 더 다가서는 조직문화를 유지했다. 심각한 경영난으로 구조조정을 하긴 했지만 메리어트는 '직원에 대한 행복'에 여전히 관심을 쏟고 동고동락하는 데 심혈을 기울였다.

제 살 깎기의 주역은 일반 직원이 아닌 최고위층이어야 한다는 판단 아래 임원들의 보너스를 아예 없애고, 직원들의 사기가 떨어지지 않도록 경영진들이 적극 나섰다. 66개국에 퍼져 있는 3,200개의 직영 및 프랜차이즈 호텔을 임원진이 200여 개씩 나누어 시찰하고 평직원들과 함께 현장에서 직접 호흡하기로 한 것이다. 더불어 사원 한 명 한 명의 업무상 고충을 직접 듣고 그 자리에서 즉시 해결책을 제시하거나 늦어도 일주일 안에 해결책을 피드백해준다고 한다.

빌 메리어트 회장은 직원들에 대한 각별한 관심을 다음

과 같이 이야기한다.

"나는 밤이 되면 집에 들어가고 싶지만 여전히 아침이 되면 여러분을 만나러 출근하고 싶습니다."[23]

고객이 눈치 채지 못하는 곳에서 비용을 절감하다

셋째로, 메리어트는 고품격 서비스를 유지하면서 비용을 슬기롭게 절감하는 방법에 세심한 주의를 기울였다.

여기서 가장 중요한 점은 고객이 눈치 채지 못하는 곳에서 비용을 줄였다는 사실이다. 예를 들어, 고객들의 블라인드 테스트 결과 기존 아침식사에 제공되던 베이컨은 어떤 종류이건 맛에 큰 차이가 없다는 사실을 알아냈다. 그래서 좀 더 저렴한 베이컨으로 바꾸자 연간 200만 달러의 절약 효과를 기대할 수 있게 되었다.

또한 객실 앞에 배달되는 신문도 그다지 읽는 사람이 없다는 사실을 알고는 객실 신문 자동배달 서비스도 없앴다. 덕분에 신문 배달부수가 매일 5만 부, 연간 1,800만 부 줄어들었다.

그뿐만 아니라 호텔 미니바의 턱없이 높은 음식 가격도 조치 대상에 포함되었다. 슈퍼마켓에서 1달러도 하지 않는 작은 초코바가 10달러, 2달러도 안 될 땅콩 캔 하나가 15달

러나 되는 탓에 수십 년간 고객들의 불만을 샀지만 무시되어
왔던 이 사항에 대해서도 즉각 대응 조치를 취할 예정이다.
턱없이 비싼 가격이 아니라, 적당한 가격으로 실용적인 미니
바 서비스를 마련하는 것이다.

메리어트 호텔은 경쟁이 치열한 부티크 호텔 분야에도 진
출하기 위해 열심히 준비하고 있다. 그래서 2009년 신규 브
랜드 에디션의 이름을 걸고 2010년까지 전 세계에 25개 호
텔을 개장할 계획임을 밝힌 바 있다.[24]

'고급 호텔도 타깃에 맞게 합리적인 상품과 최고급 상품
이 전략적으로 나뉘어야 한다.'

메리어트는 이러한 트렌드를 재빨리 읽은 덕분에 불황을
타개할 수 있었다.

여전히 고급을 지향해왔던 수많은 업체들이 가격경쟁의
압박과 고품격 유지라는 양대 과제를 눈앞에 두고 깊은 고심
에 빠져 있다. 하지만 둘 중 하나를 선택하기 전에 메리어트
의 결정을 다시 한 번 살펴보면 어떨까. 그리고 고객이 변하
고 있지는 않은지, 높은 비용을 차지하는 그 무엇인가에 거
품이 있는 건 아닌지 꼼꼼히 짚어보는 태도가 필요하다.

무턱대고 따라 할 수 없는 가격인하 전략, 하지만 잘 살펴
보면 선택의 여지는 분명히 있다.

전략 선택의 기로,
리더에게
필요한 것은?

채승병

경영에 있어서 전략 수립을 둘러싸고 벌어지는 경영진 내의 의견 대립은 비일비재하다. 때로는 '신제품으로 새로운 시장을 공략하자'는 의견과 '기존의 핵심 시장을 방어하자'는 의견이 상충되기도 하고, 시장을 방어해야 할 때도 '적극적이고 전 방위적으로 방어하자'는 의견과 '사태의 추이를 관망한 뒤 결정하자'는 의견이 대립하기도 한다.

이럴 때야말로 리더의 의견 수렴 및 의사결정 능력이 총체적으로 검증받는다. 우리는 이에 대한 사례를 제2차 세계대전 당시 연합군의 '노르망디 상륙작전'을 막아내야 했던 독일의 딜레마에서 찾아볼 수 있다.

히틀러의 잘못된 선택

1943년 이후, 초반의 상승세가 꺾이긴 했어도 독일은 여전히 소련에 주둔하면서 소련군에게 엄청난 피해를 입히고 있었다. 이에 스탈린은 처칠과 루스벨트에게 "빨리 서유럽에 상륙해서 독일의 주력을 분산시켜달라"고 SOS를 요청했다.

그래서 기획된 것이 바로 영미 연합군의 노르망디 상륙작전이었다. 당시 독일군이 점령하고 있던 프랑스와 영국 사이에 놓여 있는 도버^{Dover} 해협은 불과 34킬로미터밖에 되지 않았다. 게다가 영국과 미국은 세계 양대 해군을 보유하고 있었기 때문에 이 정도의 해협을 건너 상륙작전을 수행할 만한 충분한 역량을 가지고 있었다.

독일군 역시 영미 연합군이 프랑스 북부해안을 통해 서유럽에 상륙해서 독일 본토를 직접 노릴 것이라는 사실을 이미 알고 있었다. 하지만 문제는 영미 연합군이 노리는 상륙 지점을 정확하게 예측하기 어렵다는 점과, 독일군 대다수가 소련군과 싸우고 있었기 때문에 프랑스에는 상대적으로 소수의 병력만을 배치할 수 있다는 점이었다. 이때 영미 연합군의 예상된 상륙작전에 대한 대응 방향을 두고 독일 장군들은 크게 2가지 의견으로 엇갈렸다.

하나는 당시 북프랑스 지구를 책임지고 있던 '사막의 여우' 롬멜^{Rommel} 원수가 내놓은 의견이었다. 그는 "주력 기갑

부대를 비롯한 모든 방어 전력을 북프랑스 해안선을 따라 배치하여, 적이 어느 곳에 상륙하든 즉시 바다로 밀어내버리자!"라고 주장했다.

다른 하나는 프랑스 지구의 기갑부대를 총괄하고 있던 가이어 폰 슈베펜부르크Geyr von Schweppenburg 대장의 의견이었다. 그는 연합군의 상륙 장소를 정확히 예측할 수 없다는 판단 아래 "파리 인근에 전 기갑사단을 집결시켜놓고 상륙 지점이 확실해지면 전 부대를 이동시켜 한꺼번에 총반격을 하자!"라고 주장했다.

기업경영의 시각에서 봤을 때, 롬멜의 전략은 선수先手를 노리는 극단적인 전 방위 다각화에 가깝다. 요소요소 길목을 지키고 서서 경쟁사가 어디를 파고들건 간에 빈틈을 주지 않겠다는 전략인 것이다. 반면, 슈베펜부르크의 전략은 후수後手를 노리는 전략적 옵션 전략으로, 경쟁사의 전략이 드러난 이후에 그에 따라 대응 전략을 결정하겠다는 것이다. 사실 이 두 전략 모두 일장일단이 있기 때문에 절대적으로 옳은 쪽은 없다. 아군과 적군의 전력을 비교 분석해본 뒤 초반에 승부를 볼 것인지, 아니면 장기전으로 갈 것인지를 결정해야 하는 선택의 문제일 뿐이다. 그래서 전략을 결정하는 과정은 거의 전쟁터를 방불케 할 만큼 치열하다.

롬멜은 북아프리카에서 영미 연합군과 직접 싸운 경험을 내세우며 자신의 주장을 굽히지 않았고, 반대로 롬멜보다 연

배가 앞서는 기갑 전문가 슈베펜부르크는 자신의 기갑부대 운영 능력을 강조하며 한 치도 물러서지 않았다.

과연 이러한 상황에서 결정권을 쥔 히틀러는 어떤 선택을 했을까? 그는 롬멜의 전략도, 슈베펜부르크의 전략도 아닌 '어정쩡한' 전략을 선택하고 말았다. 기갑부대들을 쪼개서 일부 사단은 해안에 바짝 붙이고 나머지는 후방에 분산시켜 배치했던 것이다. 하지만 그 결과는 매우 참혹했다.

1944년 6월 6일, 영미 연합군은 전격적으로 상륙작전을 단행했다. 해안에 배치된 독일군 병력은 연합군의 상륙을 막기에는 턱없이 부족했다. 후방 병력도 히틀러의 명령을 기다리며 연합군의 상륙 의도를 해석하는 데 우왕좌왕하다 집결 및 투입의 적기를 놓치고 말았다. 독일군은 두 전략 각각의 장점인 즉각적인 반격이나 통일된 집중반격, 그 어느 것 하나도 제대로 구사하지 못하고 무너졌다. 덕분에 영미 연합군은 노르망디에 성공적으로 교두보를 구축했고 제2차 세계대전의 주도권을 쥘 수 있었다.

미지근한 전략의 위험

이처럼 전략적인 선택의 기로에서 여러 대안들이 팽팽히 맞서는 상황, 그러면서도 자원이 충분하지 않아 뭔가 분명히 선택을 해야 하는 상황은 전쟁뿐 아니라 일반적인 기업경영의 상황에서도 자주 등장한다. 이러한 상황에서 명심해야 할 것이 있다. 대안을 모색하는 단계에서는 다양한 전략적 옵션을 고려해야 하고, 반면 선택과 실행에서는 단호해야 한다는 것이다. 역사 또한 이러한 상황일수록 '그 어느 것도 아닌 미지근한 전략'을 선택해서는 안 된다는 사실을 잘 말해준다.

미지근한 전략의 위험을 피하기 위해서는 무엇보다 경영진의 역할과 책임 분담이 중요하다. 전략적 옵션을 고찰할 때는 경험이 풍부한 핵심 경영진의 의견이 충분히 수렴되어야 한다. 하지만 결정과 역할 부과는 리더의 몫이며, 일단 결정한 사항에 대해서는 실행 담당자의 판단을 존중하고 일임해야 한다. 하급자에 대한 불신으로 애매한 전략을 선택하거나 마지막까지 리더가 통제의 고삐를 놓지 않는 것은 결코 중용의 덕으로 미화될 수 없다.

갈수록 어려워지는 경영 환경 속에서 '위험과 그에 대한 대응 전략을 경청하는 겸양'과 '단호하게 현장에 권한을 위임하는 용기', 이 양면의 날이 잘 벼려진 기업만이 살아남을 수 있을 것이다.

위기의 CEO, 장수 비결은 있다!

한창수

'에이틴eighteen 클럽', '리발빙 도어 리더십revolving door leader-ship'[25]이라는 말이 있다. 18개월 이내에 회사를 떠나는 CEO를 가리켜 '에이틴 클럽', 또 회전문으로 들어갔다가 바로 돌아 나온다고 해서 '리발빙 도어 리더십'이라고 한다.

모두가 CEO의 짧은 재임 기간에 빗대어 나온 말들이다. 이러한 표현들은 기업을 둘러싼 리스크가 지뢰처럼 사방에 깔려 있다 보니, CEO가 언제 중도하차하게 될지 모른다는 사람들의 인식을 잘 드러내준다. 실제로 CEO의 재임 기간은 갈수록 짧아지고 있다. IT 기술의 발달로 기업의 성과가 거의 일주일 단위로 공개되어 CEO의 공과功過가 단기간에 명확히 드러나는 데다가 주주와 이사회는 예전과 달리 오래 기다려주지 않는다. 한 조사에 따르면 한국 대기업 CEO들의 재임 기간은 3년을 넘기지 못하는 경우가 대부분이었다.[26]

하지만 이러한 환경 속에서도 장수하는 CEO는 있게 마련이다. 마이크로소프트의 스티브 발머[Steven A. Ballmer], 에스티로더의 북미 담당 CEO 디아 브린[Thia Breen], 교세라의 명예회장 이나모리 가즈오[稻盛和夫] 등은 급변하는 상황에서도 오랫동안 자리를 지킨 대표적인 CEO들이다. 이들의 장수 비결을 살펴보자.

장수하는 CEO의 조건

우선 마이크로소프트의 스티브 발머가 밝히는 장수 비결은 활활 타오르는 열정이다. 매사에 '더욱 열정적으로'라고 외치는 그는 "큰 불길도 조그만 불씨에서 시작되듯이, 리더의 열정은 임직원의 가슴을 뜨겁게 지펴 조직을 성공으로 이끌고 결국 CEO 자신도 장수할 수 있게 된다."고 주장한다.

그렇다면 이러한 열정은 어떻게 만들어질까? 이에 대해 발머는 "자신이 만나는 임직원 개개인의 가치 있는 경험을 토대로 자신만의 철학을 굳게 다지는 것"이야말로 열정의 출발점이라고 말했다.

에스티로더 북미 담당 CEO인 디아 브린은 장수의 비결로 3P, 요컨대 피플People(사람), 패션Passion(열정), 퍼포먼스 Performance(성과)를 꼽았다.[27]

먼저 디아 브린이 강조하는 '사람'에는 고객뿐만 아니라 직원들도 포함된다. 특히 디아 브린은 직원들과의 소통을 중요시한다. CEO가 직원들과 끊임없이 교감하고 피드백을 나눠야만 고객의 만족도를 높일 수 있다는 확신을 갖고 있기 때문이다.

두 번째는 '열정'이다. 그녀가 열정을 강조하게 된 것은 사회생활 초기 장난감 백화점에서 일하다가 자신의 의지와 상관없이 해직된 경험에서 비롯되었다. 디아 브린은 이러한 경험을 토대로 스스로 커리어를 개척하겠다고 결심했고, 이것은 그녀를 지탱하는 열정의 출발점이 되었다.

마지막으로 디아 브린은 '성과'를 강조한다. 성과는 객관적으로 측정될 수 있어야 하므로 일정 수준의 회계 지식을 반드시 갖추고 있어야 한다. 그리고 성과는 자신으로부터 출발하므로 자기관리를 위해 정기적으로 자신의 일하는 습관을 평가해야 한다고 주장한다. 그녀는 온종일 일에만 파묻혀 지내는 것을 지양한다. 그럴 경우 자신을 객관적으로 평가하기가 어렵게 되기 때문이다. 그녀는 자신을 올바르게 평가하기 위해서는 때로 바쁜 일상으로부터 다소간의 거리를 두려는 노력이 필요하다고 말한다.

모든 사람에게 적용되는 정답은 없다

1958년 교세라를 창립한 뒤 세계적인 기업으로 성장시킨 이나모리 가즈오 회장이 꼽은 CEO의 장수 비결은 독특하다. 그는 의욕과 탐욕을 구분하는 '마음의 브레이크'를 가장 중요하게 생각한다.

흔히 성공하는 CEO들을 보면 대부분 재능과 지혜와 의욕을 갖추었다. 하지만 자칫하면 자신감은 자만심으로, 의욕은 탐욕으로 변질될 수 있다. 자기 현시욕이 커지면서 해도 되는 것과 안 되는 것의 경계가 무너지면, 무리한 과제를 추진하거나 부정, 비윤리적인 일까지 하게 되고, 결국 이는 자멸로 이어지게 된다.

CEO가 반드시 기억해야 할 것은, 성공은 혼자 노력해서 얻어진 것이 아니라 많은 사람의 도움이 있었기에 가능했다는 점이다. 그런 의미에서 이나모리 가즈오 회장은 회사가 승승장구할 때 잠시 멈추고 주변을 되돌아보는 마음이야말로 성공을 지속시키는 조건이라고 강조했다.

장수하는 CEO들은 열정, 사람, 성과, 조직의 화합, 반성하는 마음과 만족할 줄 아는 마음을 성공의 조건으로 꼽았다. 이러한 조건이 모든 사람에게 적용되는 정답은 아닐 것이다. 그러나 기업의 환경과 조직의 상황을 통찰하고 그것에 가장

장수 CEO들의 지혜

열정

만족

사람

장수
CEO

반성

성과

조직의 화합

부합하는 덕목을 이끌어낼 수 있는 리더십이야말로 동서고
금을 막론하고 모든 CEO에게 요구되는 지혜가 아닐까.

• 귀사는 트위터를 하십니까? • 디지털 사이니지로 돈 버는 법 • 시선을 잡아끄는 힘, 3D 마케팅 • 매장의 변신은 무죄, 팝업 스토어 • 만지면 통한다! 터치 마케팅 • 숨 막히는 광고 올림픽, 슈퍼볼 • 핑크 제너레이션을 아시나요? • 완판녀 효과, 얼마나 갈까? • 테크파탈을 유혹하는 방법 • 감탄이 나오는 마트, 트레이더 조 • 역발상의 커피, 네스프레소

제2장

한발 먼저 세상을 읽는 법

귀사는 트위터를 하십니까?

신형원

요즘 인터넷에서 최대의 화제는 트위터^{Twitter}나 페이스북^{Facebook}과 같은 소셜 미디어^{social media}이다. 특히 우리나라의 싸이월드와 비슷한 페이스북의 경우, 2010년 들어 구글을 제치고 미국 내 방문자 수 1위를 차지할 정도로 높은 인기를 누리고 있다.[1] 중복 방문자 수를 포함했다 하더라도 구글을 뛰어넘었다는 것은 놀라운 일이 아닐 수 없다. 그래서 인터넷의 절대 강자인 구글도 긴장하고 있다. '인터넷 사용자는 포털을 거친다'라는 공식이 깨지기 시작하고 소셜 미디어가 포털과는 별도로 인터넷 이용자의 접속 창구가 되고 있기 때문이다.

실제로 구글은 2008년까지만 해도 마이크로소프트와 야

미국 인기 웹사이트 순위

facebook

Facebook helps you connect and share with
the people in your life.

1위	페이스북(7.07%)
2위	구글(7.03%)
3위	야후메일(3.8%)
4위	야후(3.67%)
5위	유튜브(2.14%)

＊괄호 안은 인터넷 사용자 대비 방문
자 수 비중(히트와이즈 조사, 2010년
3월 13일 기준)

후만을 경쟁자로 지목했다. 그러나 2009년도 연간 보고서에
서 페이스북, 트위터 등을 경쟁사로 꼽은 것만 봐도 빠른 시
간에 지각 변동이 이루어지고 있음을 알 수 있다. 상황이 이
렇게 되자 구글 역시 '구글버즈Google Buzz'라는 이름으로 소
셜 미디어 시장에 뛰어들었다. 사실 구글은 소셜 미디어 시
장에 몇 번 뛰어들었다가 번번이 실패한 경험이 있다. 그럼
에도 불구하고 다시 이 시장에 뛰어든 이유는, 소셜 미디어
없이는 현재의 지위를 유지할 수 없다고 판단했기 때문이다.

소셜 미디어, 이렇게 활용하라

이제 소셜 미디어는 명실 공히 인터넷의 중요한 생태계로 자

리 잡았다. 자신의 생각이나 경험 등을 다수의 사람들과 공유할 수 있게 해주는 플랫폼, 소셜 미디어! 그만큼 기업이 이를 잘 활용한다면 이미지 제고는 물론 각종 홍보 효과까지 얻을 수 있다.

기업 입장에서 소셜 미디어를 잘 활용하기 위해서는 크게 3가지를 유의해야 한다.

첫째는, 소셜 미디어의 강점인 '즉시성'을 최대한 살려야 한다는 것이다. 트위터를 이용하여 고객 불만에 신속하게 대응하는 것이 대표적인 사례다. 사실 기업들이 트위터 계정을 개설하면 원하든 원치 않든 간에 고객의 불만부터 듣게 된다. 이때 즉시 대응할 수 있다는 점은 다른 채널이 가지지 못한 트위터만의 특징이다. 보통 아침에 게시판이나 전화로 불만을 접수하면 저녁이나 다음날이 돼서야 응답을 받는 경우가 대부분인데, 그에 비하면 매우 경쟁력 있는 장점이 아닐 수 없다.

실례로, AT&T의 고객 서비스 부서의 경우 15명의 직원들이 풀타임으로 14개의 트위터 계정을 운영하고 있다고 한다. 또 사우스웨스트 항공Southwest Airlines이나 제트블루 항공Jetblue Airways과 같은 항공사에서도 고객의 불만을 처리하는 주요 창구로 트위터를 활용하고 있다. 트위터 계정을 통해 고객들의 불만을 즉시 접수받고 즉시 대응하는 것은 고객만족도와 연결되고, 그 효과는 절대 가볍지 않다.

둘째는, 고객의 참여를 유도하라는 것이다. 최근 유한킴

벌리가 운영하는 여성 전용 웹사이트 '화이트 위키'는 여성들의 신체 변화에 대한 고민이나 임신, 출산, 성문제 등을 질문하고, 또 소비자 스스로 직접 답을 달 수 있게 되어 있다. 오프라인이나 일반 사이트에서는 말하기 어려운 문제들을 다루어서인지 참여율이 꽤 높은 편이다. 유한킴벌리는 매달 우수한 답글을 선정해서 상품을 전달하며, 선정된 질문과 답변은 '베스트 화이트 위키'로 메인 화면에 공개된다.

마지막으로 셋째는, 인격을 드러냄으로써 고객들과 긴밀한 관계를 형성하라는 것이다. 소셜 미디어 활동으로 기업과 브랜드에 호감을 갖는 고객을 지속적으로 늘려 축적하기 위해서는 소비자와의 커뮤니케이션에서 어떤 식으로든 '인격'을 드러내야 한다. 인격이 없는 기계적 응답이나 관리는 소비자에게 감동을 줄 수 없기 때문이다.

예를 들어, 델컴퓨터는 트위터를 통해 염가 제품을 찾아다니는 '바겐 헌터'들을 공략했다. 델의 재고 판매 트위터인 '델아웃렛Delloutlet'을 통해 100만 명 이상의 팔로어들에게 델 재고 제품에 대한 정보를 제공한 결과 650만 달러어치를 판매할 수 있었던 것이다.[2] 단순히 정보만 제공했다면 이런 성과를 얻을 수 있었을까? 여기에는 델만의 비법이 숨어 있다.

소비자들이 델의 트위터를 자주 찾는 이유는, 마치 델에 친한 친구가 한 명 있는 것 같은 기분을 들게 하기 때문이라고 한다. 고객으로부터 예산 상황이나 사용 용도를 들은 담당자는 좋은 구매 정보가 있을 때 친근한 표현으로 가장 먼저 알려준다. 그러면 그 고객은 잘 아는 사람으로부터 '나만을 위한 할인'을 받았다고 여기게 된다. 물론, 이는 델이 개방적 소셜 네트워크 정책을 펼치고 있기 때문에 가능한 일이다. 다시 말해, 델의 트위터 담당자들은 제품에 관한 정보를 전달해주는 것 외에도 재미있는 농담이나, 개인의 신변잡기 같은 이야기를 나눔으로써 소비자들에게 인격체로 다가서고 있는 것이다.

소셜 미디어의 활용, 공식은 없다

기업의 소셜 미디어 활용은 이제 시작하는 단계이다. 따라서 정확하게 정해진 활용 공식이 있는 것이 아니라 기업마다 시행착오를 겪으며 자사에 가장 적합한 방식을 찾아가야 한다. 인터넷의 속성을 충분히 이해하고 있는 임직원들에게 상당 수준의 재량권을 주고 일단 다양한 채널을 통해 고객과의 커뮤니케이션을 시도한다면 빠른 시간 안에 자리 잡을 수 있을 것이다.

디지털 사이니지로 돈 버는 법

이동훈

요즘 지하철역을 가면 한마디로 LED와 LCD의 전시장 같다. 티켓 판매기부터 시작해서 승강장, 열차 내부까지 우리가 눈을 돌리는 곳곳에 설치된 화면들이 지하철을 이용하는 동안 잠시도 지루해할 틈을 주지 않는다.

이처럼 최근 들어 지하철역을 비롯해 인파로 넘치는 장소들은 거의 기업 이미지 혹은 신상품을 광고하거나 다양한 정보와 뉴스를 얻을 수 있는 플랫폼으로 변신하고 있다. 그리고 그 중심에 바로 디지털 사이니지Digital Signage가 있다. '디지털 간판' 혹은 '게시판 2.0'이라 불리는 디지털 사이니지는, TV와 PC, 스마트폰에 이어 뉴미디어 매체로 부상하고 있다.

국내의 디지털 사이니지 시장은 아직 시작 단계에 불과하지만 서구권과 일본에서는 디지털 사이니지 시장이 매우 활발한 성장세를 보이고 있다. 특히 일본의 경우, 시장 규모가 2009년 613억 엔을 기록했으며, 시장조사 기관 시드 플래닝Seed Planning에 따르면 2015년경에는 1조 100억 엔까지 성장할 것으로 전망되고 있다.[3]

이는 디지털 사이니지 광고가 신문 광고를 추월할 수도 있다는 사실을 의미한다. 디지털 사이니지가 최근 급속히 성장한 것은 디스플레이와 인터넷 회선 가격이 하락했기 때문이기도 하지만, 그만큼 디지털 사이니지의 효과가 입증되고 있기 때문이다. 다시 말해, 디지털 사이니지를 통한 홍보가 매출로 연결되고 있는 것이다.

디지털 사이니지로 일석삼조를 거둔 저스코

디지털 사이니지의 홍보 효과를 톡톡히 누리고 있는 회사의 좋은 예가 일본 최대 유통회사인 이온Aeon 그룹의 자회사 저스코JUSCO이다. 저스코는 전국 260여 개의 매장에 2,500여 개의 디지털 사이니지를 설치해 고객들에게 '이온 채널'을 방송하고 있다.[4] 요컨대, 계산대에 줄을 서는 순간 고객들은 부지불식간에 이온 채널을 보게 된다.

이온 그룹이 만든 전문 채널인 이온 채널은 저스코의 유통점포별 세일 정보뿐만 아니라 협력회사인 대형 식품업체의 광고 등을 방송한다. 즉, 세일 전단지나 안내 방송, 각종 포스터를 대신하는 것은 물론, 짭짤한 광고 수입까지 올리고 있다.

　　한편으로, '이미 계산대에 줄을 선 사람들에게 광고를 보여줘봤자, 무슨 소용이 있을까?'라고 생각할 수도 있다. 그러나 이온 그룹에 따르면 확실히 효과가 있다고 한다. 당일 매출은 별로 늘지 않지만, 식품 매장의 주요 고객인 주부들은 매주 두세 번 오기 때문에 줄을 서서 기다리는 동안 광고를 보면서 다음에 매장을 방문하였을 때 광고에서 보았던 상품을 구입할 가능성이 높아진다는 것이다. 실제로도 이온 채널에서 광고한 상품의 판매가 평균 2배 증가한 것으로 조사되었다.

　　결과적으로 이온 그룹은, 디지털 사이니지를 통해 저스코 내 매출도 늘리고 광고 수입으로 새로운 수익도 창출하는 효과를 거두었다. 그리고 또 하나, 점포 운영 비용도 줄일 수 있게 되었다. 가령 종이 포스터나 매장 앞 판촉물의 경우, 날짜나 시간, 가격 등이 바뀔 때마다 다시 만들어야 하지만, 디지털 사이니지를 이용할 경우 파일 하나만 수정하면 되기 때문에 번거롭지도 않고 비용도 덜 들게 되었다. 참고로, 이온 그룹은 모든 디스플레이를 네트워크를 통해 관리하고 있어서 본부에서 정보를 갱신하면 그 바뀐 정보가 모든 점포에

곧바로 방송된다. 물론, 각 점포별로 독자 이벤트 정보도 방송하고 있다.

디지털 사이니지의 활용에도 전략이 필요하다

그렇다고 디지털 사이니지를 설치한 모든 사업체가 이처럼 가시적인 성과를 거두고 있는 것은 아니다. 디지털 사이니지의 활용에도 전략이 필요하다. 크게 2가지를 꼽으면 다음과 같다.

첫째, 타깃 청중을 정조준해야 한다. TV 광고가 남녀노소 모두를 대상으로 하는 반면, 디지털 사이니지는 나이, 성별, 연령, 거주 지역 등에 따른 특정 대상을 집중 공략할 수 있다.

일본의 벤처기업 카 라이프 어시스트Car Life Assist가 그 좋은 사례다.[5] "매년 160만 명이 자동차 운전 교습소를 다녀간다. 그 중 80%가 18세부터 23세의 젊은이다. 따라서 운전 교습소만 공략하면, 차에 흥미가 있는 젊은이들을 확실히 확보할 수 있다." 카 라이프 어시스트는 바로 이런 아이디어 하나로 사업을 시작했다. 300곳 이상의 자동차 운전 교습소에 디지털 사이니지를 설치해 연간 3억 엔의 매출을 올리고 있다. 여기에서는 카 오디오나 액세서리 등 자동차와 직접 연계된 업체의 광고는 물론, 손해보험 등 차 관련 업계의 광고, 나아가 헌혈 등 젊은 층의 참여가 많이 필요한 정부 홍보물에 이르기까지 다양한 내용이 방송된다.

둘째, 활용가치를 다방면으로 분석해서 보이지 않는 기회를 포착해야 한다. 디지털 사이니지 관련 기술은 비약적으로 성장하고 있다. 실제로 무선 랜이나 무선 태그^{RFID} 등이 내장된 경우, 실시간으로 판매 현황을 집계하고 그 결과에 맞추어 광고 내용을 실시간 바꿀 수 있다.

앞서 소개한 이온그룹 저스코의 경우, 안면인식 기술이 있는 카메라가 디지털 사이니지 속에 내장돼 있어서 광고를 보는 사람의 수와 성별, 얼마나 오랫동안 광고를 보는지까지 실시간으로 분석할 수 있다. 결국, 광고 효과를 바로바로 측정할 수 있다는 것인데, 이는 광고주를 설득하고 광고를 유치하는 데 큰 힘이 된다.

디지털 사이니지와 같이 과거에는 생각지도 못했던 기술이 쉴 새 없이 쏟아지고 있다. 이러한 현실에서는 기술도 중요하지만 그 속에서 보이지 않는 가치를 찾는 것이 더욱 중요하다. 상상한 것을 기술로 만들어내는 것이 엔지니어들의 몫이라면, 그 속에서 생각지도 못했던 기회를 발견하는 것은 바로 경영자들의 몫이기 때문이다.

시선을 잡아끄는 힘, 3D 마케팅

이준환

언젠가 한 패션쇼에서 선보인 3D 홀로그램 영상을 본 적이 있다. 바람의 여신처럼 보이는 모델이 금방이라도 손에 잡힐 듯 생생한 화면이었다. 그런데 더욱 놀라운 것은 이 패션쇼가 2006년[6]에 열렸다는 점이다.

사실 3D 기술은 수년 전에 이미 지금과 비슷한 수준에까지 개발되었다고 한다. 다만, 기업과 소비자들의 관심을 받지 못했을 뿐이다. 당시만 해도 3D라는 기술 자체는 훌륭하지만 돈을 벌어들이는 산업이 될 수 있을지는 미지수였던 것이다.

그런데 3D 영화 〈아바타Avatar〉의 등장과 함께 모든 상황이 역전되었다. '3D=돈 버는 산업'이라는 인식이 확산되면서 3D의 상업적 가치에 대한 검증이 끝났다. 그래서인지 이제 3D 기술은 영화뿐만 아니라 TV, 게임, 내비게이션 등 다양한 산업 분야에서 본격적으로 적용되고 있다.

3D 마케팅, 새로운 기회의 문을 열다

특히 최근에는 3D 기술이 기업의 마케팅 수단으로도 활용되기 시작했다. 3D 기술을 활용하여 소비자들의 시선과 관심을 집중시키는 3D 마케팅 사례를 살펴보자.

먼저, 세계적인 식품업체, 네슬레Nestle를 들 수 있다.[7] 네슬레는 시리얼 박스를 3D 게임의 콘솔로 변신시켰다. 쉽게 설명하면, 2009년에 개봉된 애니메이션 〈아더와 미니모이 Arthur And The Minimoys〉를 3D 게임으로 만든 다음, 이를 자사의 시리얼 박스를 통해서만 구현할 수 있게 한 것이다. 시리얼 박스의 뒷부분에 3D를 인식할 수 있는 표식이 붙어 있고, PC의 웹 카메라를 그곳에 비추면 PC 화면에 3D 게임 화면이 뜬다. 그러면 사용자는 시리얼 박스를 이용해 게임을 즐길 수 있는 것이다.

사실 네슬레는 전에도 시리얼 박스에 게임 CD를 부착해서 마케팅을 한 적이 있었다. 연간 90만 달러라는 비용을 들였지만 그때는 별다른 효과를 거두지 못했다. 그런데 이번에는 단지 박스에 표식 하나를 붙임으로써 비용을 대폭 절감시켰을 뿐 아니라, 각종 매체와 소비자들로부터 큰 호응을 얻어냈다. 발상을 전환한 결과 '매출 향상과 브랜드 강화'라는 두 마리 토끼를 동시에 잡은 것이다.

자동차 회사, 푸조Peugeot도 좋은 사례이다.[8] 푸조는 3D 기술을 이용해서 소비자에게 시승 체험 서비스를 제공하고 있다. 소비자는 특수 헬멧형 영상 장치를 착용한 뒤 자동차 내부에 탑승해 실제 자동차를 타고 주행하는 것 같은 경험을 할 수 있다. 또한 그 안에서 직접 다양한 기능들을 조작해보는 것도 가능하다. 더욱이 자동차 시트의 재질을 바꾸는 등 자동차를 구입하기 이전에 자신이 원하는 스타일을 미리 체험할 수도 있다.

경험을 주고 신뢰를 얻자

한편, 우리나라 기업들도 3D 기술을 활용한 마케팅에 조금씩 관심을 기울이고 있다. 2009년 제일기획에서 선보인 '디지털 홀로그램 카탈로그'는 단순히 눈으로 보는 데서 그치지 않고 직접 조작이 가능하게 했다는 점에서 주목을 받았다.[9] 고객의 손동작에 따라 360도 회전하며 체험을 할 수 있게 한 획기적인 기술이었는데, 센서와 360도 모션 인식 카메라가 사전에 입력된 손짓을 하면 평면적인 화면 이미지를 홀로그램으로 바꿔주는 것이 작동의 기본 원리였다.

이러한 디지털 홀로그램 카탈로그는, 평면으로 볼 때는 진가를 알 수 없는 얇은 텔레비전이나 자동차 같은 제품을 홍보하는 데에 유리하다. 또 매장·공항·영화관 등 다양한 장소에 간편하게 설치할 수 있다는 점에서도 좋은 평가를 얻고 있다.

이제 3D 기술을 적용한 마케팅이 더욱 다양한 분야에서 더욱 다채로운 방식으로 활용될 것으로 보인다. 물론, 화면에서 튀어나오는 듯한 입체영상이 산업 현장에 접목되려면 더 많은 시간이 필요하겠지만 3D 기술은 이미 여러 분야에서 그 진가를 발휘하기 시작했다.

3D 기술과 마케팅을 잘 활용하면 고객은 경험을 얻을 수 있고, 기업은 그 대가로 고객의 신뢰라는 큰 선물을 얻을 수 있다. 앞으로 3D 기술을 활용한 새로운 마케팅 기법들이 어떻게 선보일지 관심을 갖고 주목해보자.

매장의 변신은 무죄, 팝업 스토어

이동훈

몇 달 전, 신사동 가로수길에 약속이 있어 발걸음을 재촉하던 중에 형형색색의 음료수가 진열되어 있는 흥미로운 가게가 눈에 띄었다. 한번 들어가보고 싶었지만 약속 시간이 촉박해서 '에이, 다음에 가지 뭐.' 하고 그냥 지나쳤다. 며칠 후 근처를 지나다가 그 가게가 생각나 다시 가보았더니, 어찌 된 일인지 그 매장이 보이지 않았다. 생긴 지 얼마 안 돼 보이던 새 매장이 그새 사라져서 이상하다 싶은 생각이 들었다. 나중에 알아보니, 그 가게는 코카콜라가 한 달간만 운영한 '글라소 비타민워터'의 팝업 스토어pop-up store였다.

순식간에 생겼다가 사라지는 매장

'팝업 창'은 많이 들어봤어도 '팝업 스토어'는 다소 생소한 용어다. 인터넷에 순식간에 떴다가 창을 닫으면 사라지는 팝업 창과 비슷하게 '팝업 스토어'도 잠깐 동안 생겼다가 사라지는 매장을 말한다.[10] 기업이 신규 브랜드를 출시하거나 한정판 제품을 판매하기 위해 짧은 기간 동안만 운영하는 매장인 것이다.

팝업 스토어의 특징은 고정된 장소에 완벽한 형태로 자리 잡는 것이 아니라, 가건물 형태의 임시 매장에 트렌디한 인테리어로 꾸며진다는 점이다. 그리고 길어야 한 달 정도가 지나면 사라지는 '임시' 공간이라는 점에서 '플래그십 스토어flagship store'* 나 '로드샵road shop'** 과는 차이가 있다.

팝업 스토어는 2003년 미국의 대형마트인 타깃Target이 적절한 부지를 찾지 못해 임시로 매장을 열었다가 오히려 매출 대박을 일으키면서 주목을 받기 시작했다. 그 후 2006년 유니클로Uniqlo가 뉴욕 맨해튼에 진출할 때 '일본에서 지금 막 도착한' 의류 브랜드라는 이미지를 주기 위해 수출용 컨테이너 박스에 팝업 스토어를 개설했고, 2007년 여름에는

• 브랜드의 표준 모델을 제시하고 브랜드의 성격과 이미지를 극대화한 매장.
•• 길거리에 있는 매장.

제일모직 여성복 구호가 오픈한 팝업 스토어의 포스터.
자료 : http://blog.naver.com/park2657

미국 의류 브랜드 갭Gap이 스쿨버스를 개조해 뉴욕과 LA 해변에 매장을 설치하면서 팝업 스토어가 본격적으로 활용되기 시작했다.

　우리나라에서도 최근 들어 팝업 스토어를 활용하는 기업이 늘고 있다. 2009년 구호KUHO가 신사동 가로수길에 팝업 스토어를 열어 큰 매출을 올리면서부터 알려지기 시작했다.[11] 이때 구호는 '9好+'라는 이름으로 기존 디자인보다 젊은 감성의 디자인을 선보이며 가격대도 50% 대폭 할인함으로써 평소 구호 스타일을 동경하던 20~30대 소비자들에게 좋은 반응을 얻었다. 그 결과 딱 한 달 동안 진행된 구호의 팝업 스토어는 제품의 90% 이상을 판매했고, 6억 원이 넘는 매출을 올렸다. 무엇보다도 젊은 세대를 구호의 새로운 소비층으로 유입한 것이 가장 큰 성과라고 할 수 있다.

팝업 스토어 성공의 3가지 핵심

그렇다면 팝업 스토어로 소비자들에게 어필하려면 어떤 조건이 필요할까?

첫째, 화제를 불러일으켜야 한다. 일단 소비자들로부터 '도대체 저게 뭐지?'라는 호기심을 끌어내야 성공할 수 있다. 이는 새롭고 신기한 것에 열광하는 소비자의 마음을 파고들어 비일상성의 경제학, 찰나의 경제학을 작동시키는 것이다. 앞서 언급한 일본의 유니클로가 미국에 진출하면서 컨테이너 박스에 팝업 스토어를 오픈해 젊은 층의 이목을 끌었던 것도 이런 심리를 잘 이용한 대표적인 경우다.

둘째, 희소성의 가치를 극대화해야 한다. 한정판은 사람들에게 구입에 대한 목표의식을 불러일으키고, 그만큼 브랜드에 집중하게 한다. 2006년 뉴욕 소호 거리에 팝업 스토어를 개설한 나이키는 미국프로농구[NBA]의 올스타 르브론 제임스[LeBron James]의 이름을 딴 '르브론' 라인의 한정판 농구화 250켤레를 250달러에 판매했다. 그러자 나이키 운동화를 수집하는 사람들뿐만 아니라 일반 소비자들 사이에서도 이때

가 아니면 살 수 없는 운동화라는 인식 때문에 가게 오픈 전 날부터 와서 줄을 서는 사람까지 나타나는 진풍경이 벌어지기도 했다.

셋째, 실험 정신을 담아야 한다. 일반 매장과는 달리 대규모 공사 비용과 임대료가 소요되지 않기 때문에 팝업 스토어에서는 특정 목적을 위해 시시 때때로 다양한 변화를 시도할 수 있다. 소비자들의 이목을 끌기 위해 창조성과 실험 정신을 마음껏 발산할 수 있는 것이다. 프라다^{Prada}는 2009년 스페인 발렌시아 지역의 수산물 시장에 자신들의 제품을 전시했다. 그러자 쉽게 다가가기 어려웠던 명품 브랜드가 시장이라는 가장 대중적인 공간과 만나 친근함을 선사했다는 좋은 평가를 받았다.

미국 경제주간지 《비즈니스위크》는 이미 2007년에 "실시간 메신저로 소통하는 요즘, 유통매장도 소비자들의 입맛에 맞게 한시적으로 운영되는 팝업 스토어가 더욱 확산될 것이다."라는 기사를 실었다.[12] 그리고 최근 팝업 스토어는 패션업계를 뛰어넘어 가전(소니 바이오), 통신 서비스(KT 쿡쇼), 식품 등에서도 활용되고 있다. 그만큼 팝업 스토어가 경쟁력이 있다는 의미이다.

만지면 통한다! 터치 마케팅

이민훈

만약 TV 샴푸 광고에 등장하는 모델의 찰랑거리는 머릿결을 손으로 직접 확인해볼 수 있고, 화면 속 탱탱한 토마토의 질감을 만져볼 수 있다면 어떨까? 아쉽게도 이런 일은 아직 공상 과학 영화나 애니메이션 속에서나 가능한 일일 것이다. 하지만 시각보다 손으로 직접 만지는 접촉 경험이 훨씬 더 강렬한 인상을 남긴다는 사실은 두말할 필요가 없다.

2000년 이후 미국 내에서 유통되는 상품의 수는 무려 100만 개를 넘어섰고, 일반 슈퍼마켓에서 매일 취급하는 상품도 4만 개 이상이다. 하루 사이에도 마구 쏟아져 나오고 사라지는 상품이 헤아릴 수 없을 정도로 많은 현대에서 소비자들의 주목을 끌기란 여간 어려운 일이 아니다. 이러한 상황에서 앞서 언급한 것처럼 TV 광고를 직접 만져볼 수는 없지만 '터치 기법'을 활용해 소비자들의 마음을 사로잡고자 하는 기업들의 시도가 이어지고 있다. 이와 관련해 일본에서 이색 마케팅으로 주목받은 사례를 살펴볼 수 있다.

직접 만져보고 싶게 만드는 광고들

만약 지하철 역내에 걸린 포스터나 천장형 광고가 갑자기 움직인다면 대부분의 사람은 멈칫하며 그곳에 눈길을 줄 것이다. 마쓰시타전기는 이러한 원리를 이용한 그 첫 번째 주인공으로서, 움직이는 드럼세탁기 광고를 통해 사람들의 시선을 사로잡는 데 성공했다.

2007년 마쓰시타는 '댄싱 기능'을 가진 드럼세탁기를 출시했다. 기존의 드럼세탁기는 드럼통을 회전시킬 때 낙하하는 힘으로 빨랫감을 세탁했지만, 이 댄싱 세탁기는 회전 속도를 높임으로써 더욱 효과적으로 세탁할 수 있도록 고안되었다. 이 획기적인 모델을 효과적으로 광고하기 위해 고심하던 마쓰시타는 '살아있는 광고'를 만들기로 결정했다. 그리고 신주쿠新宿 역, 하마마쓰浜松 역과 같은 주요 역사와 지하철 차량 내에 드럼통이 살아 움직이는 것과 같은 광고를 만들어 내걸었다. 모터와 전지를 이용해 만든 드럼통 안에 얇게 자른 스펀지 조각을 넣어 신나게 돌아가는 세탁물을 재현하자 사람들은 탄성을 질렀다. 그동안 사진 인쇄물로만 광고를 접하다가 광고판 자체가 움직이는 것을 보자 놀랍고 신기했던 것이다. 또한 이 광고를 본 대부분의 사람은 가까이 가서 직접 만지고 싶은 충동을 느꼈다고 한다.

마쓰시타는 불과 2주 동안 이 광고물을 게시했지만 소비자들의 뜨거운 반응은 몇 달 동안 지속되었다. 터치 마케팅의 위력을 절감한 순간이었다.

한편, 2008년 1월 도쿄의 주요 터미널에는 '초콜릿'이 칠해진 포스터가 등장했다. 모카 음료를 주문했을 때 음료 위에 가느다란 선 모양으로 뿌려주는 시럽을 드리즐^{drizzle}이라고 한다. 스타벅스커피 재팬은 신제품 '디스커버리 아스틀란 모카'를 홍보하는 대형 포스터에 드리즐을 한 듯한 느낌의 곡선 글씨체를 재현했다. 마치 진짜 초콜릿으로 쓴 것 같은 이 입체적인 글씨는 사람들의 눈길을 단번에 사로잡았다.

일반적으로 간판 같은 것에 입체감을 표현할 때는 FRP 보강 플라스틱이나 목재와 같이 딱딱한 소재를 사용한다. 그러나 이러한 소재로는 부드럽게 녹아내리는 듯한 드리즐의 분위기와 질감을 표현할 수 없다. 그래서 단열재에 사용되는 압축 폴리스티렌으로 글자 모양을 성형하고 그 글자 위에 붓으로 라텍스를 발라 초콜릿 같은 윤기를 표현했다고 한다. 그 질감이 얼마나 실제와 같았는지 이 광고가 등장하자 광고물 글자 표면을 만져보거나 심지어 직접 혀를 갖다 대는 사람까지 꽤 있었다고 한다.

일본의 패션몰 피봇^{Pivot}의 사례도 눈여겨볼 만하다. 피봇은 독특한 소재로 가방을 만들었는데, 바로 광고 현수막을 재활용한 것이었다. 도심 번화가에 위치한 빌딩이나 역을 화려하게 수놓는 광고 현수막들은 대개 약정된 기간이 끝나면 버려진다. 하지만 피봇은 폐기될 운명에 처한 대형 천으로 친환경 에코백을 만들어 화제를 불러일으켰다.

보통 옥외광고에 사용되는 타폴린^{tarpaulin}이라는 소재는 폴리에스테르나 염화비닐 등의 수지에 천을 덧대어서 만든 것으로, 가설 텐트나 공사장 보호용 시트로 쓰일 정도로 방수성과 내구성이 뛰어나다. 특히 옥외광고의 경우 화려한 색상이나 참신한 무늬를 사용한 디자인이 많기 때문에 패션 잡화 소재로 손색이 없다. 이런 사실에 착안한 피봇은 2007년 본사 건물에 걸렸던 현수막을 걷어내어 멋진 재활용 가방을 제작했다. 눈으로만 볼 수 있던 현수막 광고가 직접 만질 수 있는 가방으로 변신한 것이다. 더구나 소비자들이 들고 다니면서 브랜드 이미지를 알리는 '걸어다니는 광고판' 역할까지 톡톡히 할 수 있게 되었다.

국내에서는 KB스타에서 2008년 야심차게 출시한 '레더스타일$^{Leather \ Style}$ 카드'가 가죽의 입체 문양을 시각적으로 표현함과 동시에 기존 카드자재 제조 방식에서 탈피함으로써 큰 주목을 끌었다. 국내 업계 최초로 천연 가죽의 촉감과 질감을 느낄 수 있도록 카드 표면을 특수하게 고안된 안료를 사용해 제작함으로써 소비자의 터치 본능을 성공적으로 자극한 것이다.

감각으로 승부하는 시대

이제까지 언급한 마케팅의 강점은 한번 가서 직접 보고 만지고 싶은 충동을 만들어냈다는 점이다. 촉감을 느껴보는 즐거운 경험은 주변 사람들에게도 알리고 싶은 욕구까지 자극함으로써 자생적인 확산을 일으키는 힘을 지니고 있다.

소수의 유명 스타에게 의존해서 대량 광고를 하던 시대가 지나가고 이제 감각으로 승부하는 시대가 도래했다. 그만큼 소비자들의 시선과 터치를 부르는 재미있는 아이디어가 절실한 상황이다. 만지면 통한다!

숨 막히는 광고 올림픽, 슈퍼볼

정태수

미국은 매년 2월 초만 되면 슈퍼볼Super Bowl의 열기로 들썩인다. 슈퍼볼은 미국 프로미식축구 아메리칸 리그AFC 우승팀과 내셔널 리그NFC 우승팀이 맞붙어 최고의 팀을 가리는 '챔피언 결정전'이다.

스포츠를 '각본 없는 드라마'라고 하는 말처럼, 2010년에는 슈퍼볼에 처음 오른 뉴올리언스 세인츠가 우승까지 거머쥐는 이변을 일으켰다. 그 영향 때문인지 슈퍼볼 시청자가 자그마치 1억 600만 명을 넘어서면서 슈퍼볼 사상 최대의 시청률을 경신했고, 광고비도 그만큼 치솟았다. 2010년 슈퍼볼에서는 경기불황에도 불구하고 30초 광고가 300만 달러를 호가하는 기록을 세웠다.[13] 아무리 고가라 해도 1억 명의 시선을 한꺼번에 붙잡을 수 있는 단 하루의 '슈퍼 선데이'를 기업들이 놓칠 리가 없다. 이날 글로벌 기업들은 비용에 관계없이 최고의 광고를 만들어 띄우거나, 획기적인 마케팅 기법을 동원해 마케팅의 최전선인 '슈퍼볼 무대'에 올린다.

실제로 사람들의 기억 속에 강렬하게 남아 있는 불멸의 광고는 모두 슈퍼볼 광고에서 탄생했다. 예컨대, 1984년 애플의 매킨토시 론칭 광고는 지금 보아도 입이 다물어지지 않는 걸작이다. 1984년 1월 24일 첫 방영한 매킨토시 광고는 당시 시장지배자였던 IBM PC를 '빅브라더Big Brother'로 형상화해 이를 때려 부수는 장면을 슬로우 모션으로 연출함으로써 매킨토시에 대해 강렬한 인상을 남겼다.

이런 이유로 광고, 마케팅 분야에서 슈퍼볼의 의미는 남다를 수밖에 없다. 그렇다면 2010년 슈퍼볼에서는 과연 어떤 광고, 어떤 마케팅 기법들이 고객의 시선을 사로잡았을까?

1억 명의 시선을 사로잡기 위한 그들의 전략

2010년 슈퍼볼의 광고 트렌드를 정리해보면, 첫 번째는, '유머humor' 혹은 '휴머니티humanity'이다. 전통적으로 슈퍼볼 광고는 유머러스한 내용이 많았지만 불황이 닥치면서 상대적으로 유머러스한 광고들이 더욱 늘어났다. 특히 2010년에는 웃음의 코드를 가진 광고 비율이 전체의 80%에 달할 정도로 유머는 슈퍼볼 광고의 전형적인 특징으로 자리 잡았다. 그 대표적인 사례가 도리토스Doritos, 브릿지스톤Bridgestone, 안호이저 부쉬Anheuser-Busch이다.

나초nacho 과자의 대명사, 도리토스의 광고는 엄마의 남자친구가 집에 와서 도리토스를 먹으려고 하는 데서 시작한다. 그러자 꼬맹이 녀석이 엄마 남자친구의 뺨을 때리며 "첫째, 우리 엄마 건들지 말고! 둘째, 내 도리토스 건들지 말고!"라고 경고한다. 실제로 이 광고는 《뉴욕타임스》가 실시한 2010년 슈퍼볼 광고 인기투표에서 당당히 1위를 차지했다.[14]

유머로는 안호이저 부쉬도 빠지지 않는다. 비행기가 무인도에 추락하고 생존자 중 한 사람이 통신장비를 발견한다. 이제 살았다면서 환호성을 지르며 달려가는 사람들. 하지만 그들은 통신장비를 지나쳐 버드 라이트Bud Light 박스를 발견한 사람에게 달려간다.

두 번째 트렌드는 '뉴미디어 마케팅'이다. 슈퍼볼은 대개 가족이나 친구들과 함께 집단으로 시청한다. 그 때문에 광고도 TV로 전달하는 게 가장 효과적이었다. 하지만 이제는 온라인의 영향력이 커지면서 온라인 매체도 무시할 수 없게 되었다. 2009년을 기점으로 기업들은 온라인이나 모바일 등의 뉴미디어를 광고 전달의 핵심 도구로 사용하는 경우가 많아

졌으며, 더욱 적극적으로 뉴미디어 마케팅에 나서고 있다.

기업들은 유튜브, 트위터, 페이스북 등을 활용해 전용 페이지를 구축하고 유저들의 양방향 소통을 담아내기 위해 노력하기 시작했다. 그 대표적인 예가 바로 펩시PEPSI다. 23년간 슈퍼볼 광고의 중요 단골손님이었던 펩시는 2010년 슈퍼볼 광고에 불참한다는 파격적인 선언을 했다.[15] 그리고 그 대신 2,000만 달러에 달하는 광고 비용을 온라인 소셜 네트워크인 페이스북 광고에 쏟아 부었다. 펩시는 "페이스북과 같은 소셜 네트워크 서비스SNS를 통한 광고 방식이 더욱 효과적으로 고객의 마음을 움직일 수 있는 새로운 시대가 왔다."고 주장했는데, 이를 실행에 옮긴 것이다. 온라인의 영향력을 감지한 실로 과감한 결정이었다.

세 번째 트렌드는 '공익 연계 마케팅'이다. '착한 기업'이 첨단 마케팅의 격전지인 슈퍼볼 광고에서도 하나의 큰 흐름이 되고 있다. 특히 이는 앞서 이야기한 온라인 마케팅과 함께 병행해서 나타나는데, 펩시와 코카콜라가 대표적이다.

코카콜라는 유튜브나 페이스북을 통해 슈퍼볼 광고를 다시 발신하고, 이용자들이 그 광고를 볼 때마다 1달러씩 돈을 모아 최대 25만 달러를 미국 자선단체인 보이스 앤 걸스 클럽Boys and Girls Club에 기부하기로 했다.[16] 또 TV 광고를 하지 않기로 결정한 펩시 역시, 슈퍼볼 광고 대신 온라인상에서 "Refresh Everything"이라는 캠페인의 일환으로 온라인 투

표를 통해 지원 단체를 정하고 5,000~25만 달러의 금액을 기부하기로 했다.[17]

진정한 스포츠 마케팅이란…

밴쿠버 동계올림픽 등 2010년은 새삼 스포츠가 주는 파급력에 대해 다시 생각하게 하는 한 해였다. 경제적으로도 큰 가치가 있을 뿐 아니라, 국가 브랜드를 높이는 데에도 큰 영향을 줄 수 있다는 것을 실제 피부로 느낄 수 있었기 때문이다.

앞으로도 스포츠 마케팅의 중요성은 더욱 부각될 것이다. 자국 선수를 활용한 마케팅도 물론 중요하지만, 더 중요한 것은 스포츠를 기반으로 전 세계와 소통하는 일이지 않을까. 그리고 그것이야말로 진정한 스포츠 마케팅이라 할 수 있을 것이다.

2010년 슈퍼볼 광고에서는 2008년부터 꾸준히 슈퍼볼 마케팅을 전개해 주목을 받아온 현대차 외에 기아차도 사람들의 관심을 끌었다. 기아차는 '무노Muno'라는 외눈박이 캐릭터를 비롯해 미국 어린들에게 인기 있는 캐릭터들이 소렌토R을 타고 미국 전역을 여행하는 광고를 내보내 친근하고 유쾌한 이미지를 심는 데 성공했다. 앞으로 스포츠를 통해 세계와 소통하는 한국 기업들이 더욱 늘어나기를 기대해본다.

핑크 제너레이션을 아시나요?

하송

기업은 신상품을 개발하거나 판매하기 전에 누가 주 고객층이 될 것인지 파악하고 분석한다. 타깃이 정해지면 대상 고객에게 어필할 수 있는 상품을 만들고, 또 광고나 홍보 전략을 수립한다.

고객을 분석할 때 일반적으로 사용하는 방법은 성별, 나이, 소득, 직업, 학력 등으로 집단을 구분하는 데모그래픽demographic이다. 그런데 게이, 레즈비언, 바이섹슈얼, 트렌스젠더와 같이 일반적인 방법으로 파악하기 어려운 집단도 있다. 보통 이들은 앞글자의 이니셜을 따서 'GLBT'라고 부르기도 한다.

GLBT, 새로운 소비계층의 등장

최근 글로벌 기업들은 이들을 성적 소수자가 아닌 새로운 소비 세력으로 주목하고 있다. 1994년에는 《포천》 선정 500대 기업 가운데 GLBT층을 공략한 기업이 19개에 불과했지만, 2006년에 이르러서는 무려 183개로 폭발적으로 증가했다.[18] 기업들은 이들의 소비력을 '핑크달러'로 부르며 메인 타깃에 포함시켰다.

미국의 경우, 전체 인구의 6~7%, 약 1,500만 명 정도를 GLBT로 추정하고 있다. 그리고 2007년 기준으로 이들의 소비 규모는 6,900억 달러에 달했다. 아프리카계가 8,450억 달러, 히스패닉계가 8,620억 달러인 것에 비한다면 전체 소비 규모는 작지만, 1인당 소비 규모로 보면 4만 6,000달러로 가장 높다. 이 정도의 성장세라면 2011년에는 이들의 소비 규모가 8,350억 달러에 이를 것으로 전망된다.

2007년 미국 출신별 인구 및 소비 규모

	인구(백만)	소비 규모(억 달러)	1인당 소비 규모(달러)
아프리카계	3,900	8,450	22,000
GLBT	1,500	6,900	46,000
히스패닉계	4,500	8,620	19,000
아시아계	1,400	4,590	33,000

자료 : Matthew J. Skallerud (2008). The 2009 Gay Market Report 〈www.gaymarketreport.com〉

GLBT의 특성 비교(영국)

	일반인	GLBT
인터넷 사용률	18%	32%
얼리어답터 비중	18%	26%

자료 : Gay Groups, Campign, 2008. 10. 3.

이러한 사정은 영국도 다르지 않다. 영국은 인구의 약 6% 수준인 360만 명 정도가 GLBT이다. 금융기업 바클레이 즈^{Barclays}의 조사에 따르면, 게이 남성과 레즈비언 여성의 소 득이 일반인들에 비해 약 25% 높게 나타났다고 한다. 특히 전문직 종사자가 많을 뿐 아니라 자녀 없이 동거하는 경우가 흔하기 때문에 일반 가정에 비해 소비가 큰 편이었다.[19]

게이 남성의 경우, 일반 남성에 비해 2배 이상의 화장품 을 소비하고, 패션 스타일이나 브랜드에 대해서도 높은 관심 을 갖고 있다고 한다. 또한 인터넷 활용도도 높은 편이고, 얼 리어답터의 비중도 높았다.

그들만의 미디어를 활용하라

이처럼 소득 수준이 높고 유행에 민감하면서 소비도 많이 하 는 이들은 당연히 기업의 관심 대상이 될 수밖에 없다. 이들 을 공략하기 위해서는 먼저, GLBT 계층을 다른 고객 집단과 동등하게 인식하고 이를 광고 전략에 반영해야 한다. 최근의 한 조사에 따르면, 이들은 트렌드에 민감해 광고에 대한 호감도가 일반인보다 2.5배가량 높은 것으로 나타났다.

미국의 자동차 회사 포드의 호주 법인은 2007년 제작한 한 광고에서 남성 커플과 애완견을 등장시켜 큰 화제를 낳았다. 또한 차량의 색상이 변하면서 다양한 사람들의 모습이 나타나는데 그 사이로 동성애 커플의 모습을 보이기도 했다. 포드는 이처럼 동성애자도 고객으로 인식하고 포함한다는 내용의 광고로 GLBT층의 마음을 사로잡은 덕분에, 광고를 방영한 지 한 달 만에 브랜드 인지도가 크게 향상되었다고 한다.

이때 중요한 점은 이들이 선호하는 미디어를 적극적으로 활용해야 한다는 것이다. 이들은 일반 대중 미디어보다 핑크 미디어로 불리는, 이들만의 전문 미디어에 대해 높은 신뢰를 보이는 것으로 나타났다. 요컨대 심야 시간대에 게이 영화를 방영하는 Prowler TV나 게이 잡지 *In the City*, 레즈비언 잡지 *G3*, 그리고 GLBT 최대 인터넷 포털 Planetout.com 등이 대표적인 예이다. 조사에 따르면, GLBT층의 3분의 1 이상이 그들만의 미디어에 나온 맞춤형 광고가 해당 브랜드의 로열티를 높이는 데 큰 영향을 준다고 답했다고 한다.[20] 앞서 언급한 포드 자동차 광고의 경우, 영국에서는 아예 핑크 미디어에 이 광고를 내보냄으로써 GLBT 고객의 큰 호응을 얻어냈다.

GLBT를 위한 특화 상품

GLBT 고객을 사로잡는 또 하나의 방법으로, 아예 이들을 위한 특화된 상품을 개발해볼 수 있다. 최근 이들을 겨냥하여 만든 특화 상품으로 이 시장을 공략하는 기업도 실제 등장했다.

2008년 한 해 동안 미국 내 GLBT층이 여행에 소비한 비용은 약 650억 달러에 이른다. 실제로 주 인구의 24~30%만이 여권을 발급받은 데 비해, GLBT층은 무려 76%가 여권을 갖고 있는 것으로 나타났다. 연간 여행일수도 평균보다 6일이나 많은 29일이었다.[21] 이처럼 GLBT가 시장에서 차지하는 비중이 커지자 미국 항공사 아메리칸 항공American Airline은 적극적으로 GLBT 고객 유치에 나섰다.

아메리칸 항공은 2006년도에 동성애자를 위한 첫 광고를 선보였다. 1950년대 빈티지 스타일의 일러스트레이션으로 된 포스터에는 여유 있어 보이는 남자 커플이 비행기에서 함께 내리는 모습이 그려져 있었다. 또한 GLBT를 위해 별도로 '레인보우 팀'를 구성해 전문 서비스 사이트를 운영하고 있는데, 이 사이트에서는 GLBT와 관련한 연간 이벤트와 프로모션을 진행하고 항공, 숙박 등의 서비스를 제공하고 있다.[22]

한편, 글로벌 보험 기업인 푸르덴셜Prudential도 2008년 7월 GLBT 커뮤니티를 위한 장기 간호 보험을 제공하겠다고 발표했다.[23] 일반 가정의 부모 80%가 은퇴 후에도 자신들을 돌봐줄 자녀가 있다고 답한 반면, GLBT의 경우 단 10%만이 자신들을 돌봐줄 가족이 있다고 답했다. 이에 푸르덴셜은 GLBT 전문 마케팅 에이전시와 공동으로 연구해 이들을 위한 보험 상품을 개발하고, 영업사원을 교육하는 프로그램을 운영하기 시작했다.

우리나라의 경우 사회적 인식이나 문화의 차이로 이러한 새로운 소비계층에 대해 간과해온 측면이 있다. 그러나 전 세계 인구의 4%, 많게는 10%가 동성애 혹은 양성애자거나 성전환자라고 한다. 사회에서 외면받아온 소수계층으로만 보기엔 적지 않은 비중이다.

이제 이들을 바라보는 시선을 바꿔 타깃 고객으로 설정하고 그에 맞는 전략이 필요한 시점이다. 특히 일반인들에 비해 유행에 민감하고, 외모에 관심이 많은 이들의 특성상 패션이나 여행뿐 아니라 IT 제품, 건강 관련 분야에서도 적극적으로 공략할 필요가 있다.

완판녀 효과,
얼마나 갈까?

이민훈

젊은이들 사이에서는 그때마다 유행하는 신조어가 있다. 마음을 훈훈하게 만드는 남자라는 뜻의 '훈남', 완전 소중한 내 남자라는 뜻의 '완소남', 엄청난 스펙을 갖추고 있어서 어느 것 하나 못하는 게 없는, 그래서 어머니들의 자녀 비교 대상 1순위로 꼽히는 '엄친아' 등이 대표적이다.

흥미로운 것은, 이런 말들이 대부분 '인기 연예인'을 가리키는 것에서 출발했다는 사실이다. 다시 말해, 인기 절정의 연예인을 가리키는 애칭이 신조어로 정착한 것이다.

그런데 최근 이를 결정적으로 보여주는 신조어가 나왔다. 바로 '완판녀'이다. 완판녀는 '완전 판매를 일으키는 여자'의 줄임말이다. 특정 스타가 드라마나 영화 속에서 입었던 옷이나 손에 들었던 가방, 휴대폰 등의 제품들이 품절되는 현상을 일컫는 말이다.

거부할 수 없는 유혹, 완판녀

'완판녀' 하면 떠오르는 스타로는 패셔니스타 황정음을 들수 있다. 그녀의 인기 상승에 힘입어 그녀가 모델로 활동하는 브랜드마다 품절 사태까지는 아니더라도 모델 효과를 톡톡히 보았다고 한다. 실제로, LG 패션의 브랜드 '헤지스 HAZZYS'와 '스케쳐스 Skechers'의 경우 황정음이 TV에서 들고나온 가방, 액세서리 등을 중심으로 제품에 대한 문의와 매출이 가파른 증가세를 보였다. 특히 황정음이 온라인 배너 광고에 출연한 직후 LG 패션 쇼핑몰의 당일 방문자 수가 평소보다 약 5만 명 이상 증가한 15만 명을 기록하고, 하루 중약 3만 명 이상이 한꺼번에 접속하면서 한때 서버가 다운되기까지 한 사례는 완판녀의 효과를 여실히 보여주었다.[24]

한편, 최고의 동안 피부로 주목받는 배우 고현정도 화장품, 미용업계의 대표 완판녀로서 빼놓을 수 없는 모델이다. 그녀가 수입화장품 랑콤 Lancome의 모델로 활동했을 때 랑콤매장을 찾는 고객들은 아예 "고현정 에센스, 고현정 크림 주세요."라고 했다고 한다. 고현정이라는 배우 자체가 하나의 브랜드처럼 된 것이다. 이런 효과를 보게 된 데에는, 나이를 무색하게 하는 피부 탄력과 잡티 하나 없는 피부 톤으로 피부 미인의 대명사로 불리는 그녀의 이미지가 한몫했다. 참고로, 그녀가 기자들로부터 피부 관리 비결에 대한 질문을 받을 때마다 단 한 번이라도 언급했던 제품은 고가에도 불구하고 불티나게 팔렸다고 한다.

이처럼 최근 많은 기업들이 완판녀 효과를 잡기 위해 빅스타에게 러브콜을 보내곤 한다. 하지만 여기서 한 가지 짚고 넘어가야 할 부분이 있다. 이른바 완판녀라 불리는 스타 모델의 효과가 얼마나 지속될 수 있는가 하는 점이다. 과연 거액의 모델료를 지불하면서까지 꼭 스타 모델을 기용해야 할까?

빅스타에게 의존하는 커뮤니케이션에는 분명히 한계가 있다는 것을 모르는 기업은 사실상 거의 없다. 스타의 인기 특수가 한시적이라는 것도, 심지어 소비자들이 모델만 기억하고 브랜드는 전혀 기억하지 못하는 사태가 발생할 수 있다는 것도 잘 알고 있다. 또 연예인 모델을 기용했다가 활동이 저조하거나 부정적인 스캔들이 나는 경우, 혹은 스포츠 스타를 모델로 내세웠다가 실적이 하락하거나 진로가 변경될 경우, 브랜드 이미지에 예기치 못한 손상을 입을 수 있다는 것 역시 잘 알고 있다. 그 대표적인 예로, 타이거 우즈가 모델로 활동했던 브랜드들은 크게 홍역을 치렀다. 스캔들이 발생하자 타이거 우즈라는 모델의 이미지가 추락했고, 그에 따라 해당 브랜드들은 모든 광고를 일시에 중단할 수밖에 없었던 것이다.

브랜드 모델에 관한 편견을 깨트리자

하지만 그럼에도 불구하고 완판녀 효과는 기업들에게 거부할 수 없는 유혹일 수밖에 없다. 비용 대비 광고 효과를 동시에 감안하여 광고를 하려면 어떤 선택을 해야 할까?

먼저 빅스타 모델이나 전문 모델을 쓸 경우, 자사의 브랜드에 가장 잘 어울리는 모델을 선택하되 일단 채용하고 난 후에는 스타와 브랜드가 더불어 성장할 수 있도록 노력해야 한다. 다시 말해, 모델을 선택할 때 현재의 인기뿐 아니라 브랜드 전략과 이미지가 잘 맞는지, 또 앞으로 자사 브랜드와 함께 성장할 수 있는지를 따져봐야 한다는 것이다. 이는 투자수익률 관리 관점에서 볼 때 가장 기본적인 수칙이라고 할 수 있다.

한편, 브랜드 모델에 관한 편견을 깰 필요가 있다. 스타 한 명에게 의존하지 않더라도 일반 모델을 기용하거나 아예 모델이 나오지 않는 광고를 하는 등 다양한 방식으로 충분히 브랜드를 홍보할 수 있다는 것이다. 대표적인 경우로, 온라인 오픈마켓 옥션^{Auction}에서는 전문 모델이 아닌 일반인 아줌마 모델을 발탁하는 판매자가 늘어나고 있다. 특히 중장년층을 겨냥한 '시니어 의류' 카테고리에는 늘씬한 몸매를 자랑하는 전문 모델이 아닌, 현실적인 체형의 중년 여성 모델 비중이 늘어나는 추세라고 한다.

이 같은 트렌드를 간파한 온라인 쇼핑몰 롯데닷컴은 신상품 행사를 추진하면서 평범한 체형의 20대 후반 여성을 내세운 광고를 하기도 했다. 패션 브랜드업계에서는 매우 파격적이었던 이 시도에 대한 소비자의 반응은 매우 놀라웠다고 한다. 모델이 착용한 티셔츠가 판매 4일 만에 초기 매진되는 등 기존 행사 때보다 3배 이상 매출이 늘었던 것이다. AK몰 역시 사내 일반 사원을 모델로 기용한 동영상을 2주에 한 번씩 제작해 게시하는데, 상품 매출이 평소보다 2~3배 높은 편이라고 한다.[25]

또 현대카드의 경우, TV 광고 모델 경쟁이 어떤 분야 못지않게 치열한 금융 부문에서의 통념을 깨고 무無모델 전략을 택해 전문가와 소비자에게 강한 인상을 심어주는 데 성공했다. 현대카드는 2003년 M카드 이후 소비자들이 알아보기 쉬운 알파벳을 이용해 S(쇼핑), T(통신), C(체크카드), U(대학생 전용) 등으로 상품을 확대하고 광고에서도 차별화된 혜택을 모델 없이 재미있게 표현했다. 이후에도 특정 모델을 내세우지 않으면서도 다양한 이미지들과 함께 'make-break-make'

라는 슬로건을 연결시켜 창의적이고 변화 지향적인 브랜드 철학을 효과적으로 전달하고 있다.

물론 스타 모델을 통해 큰 효과를 거둘 수 있다. 하지만 그 때문에 오히려 독창적이고 참신한 광고로 승부할 기회를 놓칠 수도 있다. 많은 기업들이 스타잡기에 몰입하는 때일수록, 한 걸음 뒤로 물러나 광고의 지평을 넓혀갈 다양한 아이디어 모색이 더욱 필요할 것이다.

테크파탈을 유혹하는 방법

홍선영

2009년 5월, 델^{Dell}은 여성을 위한 노트북 '인스피런 미니 10^{Inspiron Mini 10}'을 출시했다. 이와 동시에 여성을 위한 웹사이트 '델라^{Della}'를 개설하는 프로모션도 함께 진행했다. 칼로리 계산법을 비롯한 다이어트법과 패션, 요리, 할리우드 스타 등에 관한 콘텐츠로 가득한 이 사이트에 대한 여성 소비자들의 반응은 어떠했을까?

델은 분명 '여자라서 행복해요'라는 식의 뜨거운 반응을 기대하고 시작했겠지만 결과는 참혹했다. 여성 소비자들로부터 칭찬은커녕 맹비난을 받은 것이다. "여성들이 노트북으로 한다는 일이 고작 칼로리 계산이나 요리법 배우기 정도라고 생각하는가? 그런 여성은 지금 지구상에 없다. 21세기

기술을 왜 19세기 여성들에게 바치려 하는가?"라는 이유에 서였다.

결국 델은 웹사이트를 개설한 지 몇 주 만에 타이틀과 주요 내용을 대폭 수정해야만 했다. 그리고 여성 소비자들에게 "고객의 소리에 귀 기울이겠습니다."라는 사과 메시지도 전해야 했다.

테크파탈로 새로이 탄생하는 소비지존, '여성'

소비의 중심에는 여성이 있다. 그럼에도 불구하고 그 여성 소비자들의 마음을 사로잡는 비결을 아는 사람이나 기업은 그리 많지 않은 것 같다. 그만큼 여성 소비자들의 까다로운 기호를 맞추기란 쉽지 않다. 더욱이 최근 기계 조작에도 능숙한 여성들이 등장하자 IT나 가전, 자동차 산업계는 잔뜩 긴장하고 있다. 남성들은 주로 기술과 성능만으로 만족하는 반면, 여성들은 여기에 감성적인 면까지 중시하기 때문이다.

이처럼 어려서부터 IT 기기를 경험하면서 자란 여성 소비자들을 두고 '테크파탈Tech Fatale'이라고 한다. '테크놀러지technology'와 '팜므파탈femme fatale'이 합해진 말이다. 이들이 중요한 소비계층으로 급부상하면서 IT 업계가 여성 소비자들을 주목하고 있다. 그렇다면 테크파탈을 사로잡을 수 있는 방법은 무엇일까?

결론부터 말하자면 정답은 없다. 다만, 성공 키워드 2가지는 명심해야 한다. 하나는 '디테일'이고, 다른 하나는 '여성'이다. 디테일로 승부하되, 구체적인 방법론은 조직의 여성들에게 맡기라는 것이다.

엡손Epson의 경우 여성 직원들로 구성된 'Team 8'을 통해 여심女心을 사로잡는 방법을 찾는 데 성공했다. 2004년 4월, 엡손은 사진전용 프린터 '칼라리오 미 E-100 Colorio me E-100'을 선보였는데, 이 제품은 엡손의 디자인과 마케팅 등 다양한 직무를 대표하는 여성들이 모여 '여성이 원하는 소형 프린터란 무엇인가'에 대해 수많은 토의를 벌인 끝에 만들어진 것이었다. 이 프린터는 출시된 지 반년 만에 예상 매출의 1.5배를 넘어서는 성과를 거두었을 뿐 아니라 새로운 틈새시장을 개척했다는 평가를 함께 받았다.

Team 8이 만든 소형 프린터에는 기존에 없던, 그러면서도 여성의 마음을 사로잡을 만한 요소들이 곳곳에 들어 있다. 이를테면, 프린터기에 손잡이가 달려 있어서 들고 다니기가 간편하다. 또한 사진과 엽서만 인쇄할 수 있기 때문에 규격을 넓혔다 줄였다 하는 수고를 하지 않아도 된다. 초보자도 쉽게 사용할 수 있도록 기능을 압축, 단순화했고, 여러 종류의 메모리 카드를 사용할 수 있도록 범용성도 높였다.

남성들은 '프린터에 왜 손잡이가 필요하지? 사진전용 프린터기를 누가 살까? 프린트만 잘 되면 그만이지 그렇게까지 디테일하게 할 필요가 있을까?'라고 생각할 수도 있다. 하지만 이러한 세심한 배려야말로 여성 소비자들이 진정으로 바라는 것이라는 사실을 놓쳐서는 안 된다.

여성 소비자라고 해서 항상 작고 예쁘고 앙증맞은 것들만 선호하는 것은 아니다. 물건을 고를 때 제품의 핵심 기능만 보는 사람이 있는가 하면, 기능과 디자인을 모두 중요시하는 사람도 있고, 손에 착 붙는지, 버튼을 누를 때 느낌이 괜찮은지, 내 스타일과 맞는지, 이 제품을 사용하면 사람들에게 내가 어떤 이미지로 비춰질지 등 하나하나 세밀하게 관찰하고 고르는 사람도 있다.

누군가는 이러한 기준으로 제품을 선택하는 것에 대해 고개를 갸우뚱할지도 모르지만, 여자의 경우는 그렇다. 그래서 그 많은 조건을 고려하다 보니 때로는 핵심 기능이 좀 떨어져도 자신의 손에 착 붙는다는 이유만으로 제품을 구입하기도 하는 것이다.

그녀를 잡으면, 그는 저절로 잡힌다

엡손 이외에도 베스트바이Best Buy 역시, 여성으로 구성된 혁신 조직 'WOLFWomen's Leadership Forum'를 통해 여성 소비자들의 마음을 사로잡는 데 성공했다.

전자 제품 및 컴퓨터 관련 제품을 종합적으로 판매하는 미국의 대형 유통업체 베스트바이는 WOLF의 조언에 따라 매장 안에 작은 매장을 하나 더 만들어, 그곳에 홈시어터 시스템과 잘 어울리는 가구와 소품들을 함께 배치했다. 가정집의 거실처럼 꾸민 것이다. 그뿐만 아니라 영업 사원들에게는 홈시어터를 보러 온 여성 고객과 대화 나누는 방법을 가르치기도 했다.

남녀 고객이 매장에 들어오면 여성 고객과는 눈을 맞추고 다정하게 인사를 건넨 뒤 좋아하는 영화를 묻는 등 얘기를 들어주는 데 더 세심한 주의를 기울이도록 했다. 또 매장에 전시된 홈시어터 시스템으로 그 영화를 편안하게 즐길 수 있도록 배려했다. 그러자 고객들은 처음 생각했던 것보다 더 비싼 제품을 구매하기 시작했고, 부부가 함께 와서 구매를 할 경우에는 남성 혼자 구매할 때보다 교환이나 환불이 60% 낮아지는 효과를 거둘 수 있었다.

함께 눈을 맞추고 좋아하는 것을 묻고 이야기를 들어주는 것이야말로 상대를 진정으로 배려하는 태도이다. 베스트바이는 특히 여성들의 경우 섬세한 배려에 민감하게 반응한다는 사실을 놓치지 않았다. 배려는 배려일 뿐, 그것이 제품선택의 기준이 될 수 없다는 게 남성 소비자의 생각이라면, 상대방으로부터 세심한 배려를 받았다고 생각하면 조금이라도 더 비싼 물건을 팔아주고 싶어하는 것이 바로 여성 소비자들의 마음이다. 이처럼 여성을 공략한 영업 방식이 성공을 거둔 덕분에 2004년 중반 2개의 매장에서 처음 선보인 홈시어터 전시관은 5년 후 350개 이상으로 늘어났다.[26]

알다가도 모를 것이 여자의 마음이라고 한다. 그러한 여자의 마음을 잡아야 하는 것이 기업의 운명이다. 물론 델의 사례에서 알 수 있듯이 여성들의 요구를 완벽하게 이해하고 충족시키기란 쉽지 않다.

　많은 기업들이 아직도 여성전용 제품이라고 하면 핑크색으로 색을 입히는 수준에 머물러 있다. 회사 조직에 있는 여성들의 조언에 귀를 기울이고, 그에 따라 섬세한 디테일로 무장한 강한 제품을 만드는 노력이 필요하다. 이것이야말로 무서울 정도로 똑똑하지만 까다로운 여성 소비자, 테크파탈을 유혹하는 최선의 전략이다. 가장 까다로운 고객을 감동시킬 수 있다면, 나머지 고객은 당연히 따라오기 마련이다.

감탄이 나오는마트, 트레이더 조

이민훈

경기가 회복되면 소비자들의 향상된 구매욕구 및 구매력을 자극할 소비처로 주목받는 것이 새로운 럭셔리, 바로 '뉴 럭셔리New Luxury'이다.

'뉴 럭셔리 소비'라 하면, 덜 중요하다고 생각하는 대부분의 상품 카테고리에 대해서는 개인 지출을 최소화하면서도 자신이 중시하고 관심을 갖는 특정 카테고리에 대해서는 프리미엄 상품을 추구하는 경향을 말한다.

뉴 럭셔리 제품은 공급자 입장에서 규정하는 상품군이 아니라 개별 소비자가 스스로 판단하는 상품군이다. 각 개인에 따라 달라지는 까다로운 상품군인 셈이다.

이처럼 까다로운 뉴 럭셔리 분야에서 두각을 나타내는

기업이 있다. 철저한 개인화, 맞춤화된 브랜드 스토리로 고객 한 명 한 명에게 속삭이듯 커뮤니케이션하는 회사 '트레이더 조Trader Joe's'가 바로 주인공이다.

뉴 럭셔리 마케팅의 대가

트레이더 조는 미국 서부 지역을 중심으로 340여 개 지점을 갖고 있는 유기농 식품 체인이다. 《스토어매거진》에 따르면 트레이더 조는 2009년 62억 7,500만 달러의 매출을 올리며 '미국 100대 소매업체' 중 55위에 올랐다. 식품 시장에서는 홀푸드마켓Whole Foods Market 다음으로 2위를 차지했다. 비록 2위이기는 하지만 전년 대비 10.2% 성장해, 미국 100대 소매업체 중 성장률 9위를 차지하며 차세대 선두주자로 주목받고 있다.[27]

트레이더 조는 TV 광고를 하지 않고도 유기농 식료품 분야에서 소비자의 마음을 빼앗는 데 성공한 유통 브랜드로 통한다. '어디에서도 쉽게 구할 수 없는 진귀한 고급 제품'을 '합리적인 가격'에 소비자에게 공급하고 있기 때문이다.

물론 지금은 품질과 가격을 동시에 추구하는 소비자들을 만족시키고자 고급 제품을 저가에 판매하겠다고 표방하는 브랜드가 많다. 하지만 트레이더 조는 창립자 조 쿨롬Joe

Coulombe이 일찍이 1967년 캘리포니아 주에 1호점을 개장할 때부터 이 같은 가치를 내걸었다.

트레이더 조는 '교육 수준이 높고 여행 경험이 풍부한 소비자'를 공략하는 것으로 구체적인 타깃을 설정했다.[28] 1960년대 월마트Walmart를 비롯해 미국 소매점들이 최저가 상품으로 대중에게 어필하려 했던 점을 감안할 때, 이는 상당히 파격적인 행보였다. 특정 계층에 어필한다는 전략은 엉뚱하고 무모해보이기까지 했다.

그러나 조 쿨롬의 예상대로 시간이 지날수록 고학력자와 해외 경험자가 늘어났고 그들이 원하는 뉴 럭셔리는 더욱 분명해지기 시작했다. 고객들은 서적이나 여행 등을 통해 맛본 독특하고 이국적인 상품을 집 근처에서 부담 없는 가격에 만날 수 있다는 사실에 흥분했다. 멕시코의 핫소스, 인도산 카레, 일본 간장 등 다른 매장에서는 찾아보기 어려운 다양한 제품들을 트레이더 조에서 마음껏 즐길 수 있었기 때문이다.

그곳에 가면 즐겁다!

트레이더 조에서 쇼핑하는 것은 마치 모험을 떠나는 것과 같다고들 한다. 그 이유는 무엇일까?

우선 트레이더 조는 다른 유통점에 즐비하게 깔려 있어

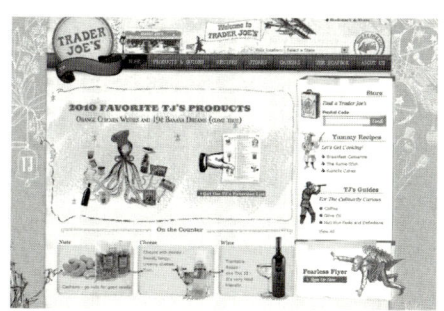

트레이드 조의 홈페이지 모습. 여행의 경험을 접목시킨 트레이더 조의 철학을 잘 반영하고 있다.
자료 : http://www.traderjoes.com

서 소비자의 호기심을 전혀 자극하지 못하는 일반 제품은 거의 취급하지 않는다. 그러다 보니 자체적으로 개발한 브랜드가 전체 상품의 80% 이상을 차지한다.

상품 매입부터 진열, 관리에 이르기까지 마케팅 활동 전반에 걸쳐 담당자들은 일관되게 "지식인이자 여행 경험이 풍부한 소비자들이 가장 좋아할 만한 재미있는fun 요소가 무엇일까?"를 고민한다. 예를 들어, 특별 머천다이징(상품 기획) 전문가가 직접 국내외 소규모 상점에서 소비자의 호기심을 자극할 법한 독특한 물건을 매입하면, 진열 전문가는 '트레이더 조'가 마킹된 포장지로 재포장을 한다. 그런 다음 익살스러운 그림과 글씨체로 해당 상품이 어디서 태어났고, 특징은 무엇이며, 어떻게 요리해 먹으면 맛있는지를 설명해준다.

매장 관리자는 관리자의 모습을 벗어던지고 계절이나 이슈에 걸맞은 복장으로 시식 코너, 이벤트 등을 직접 운영한다. 예를 들면, 화창한 일요일 오후에 매장 관리자는 하와이풍 셔츠를 입고 가족 쇼핑객을 위해 고급 수제 베이컨과 신선한 양상추가 듬뿍 얹어진 특제 버거를 시식용으로 선보인다.

미국은 우리나라처럼 무료 시식이 일반화되지 않은 터라 트레이더 조의 시식 행사는 고객들에게 큰 즐거움을 주는 이벤트다. 그러다 보니 고객들은 마음에 쏙 드는 식품을 항상 즐거운 마음으로 살 수 있는 트레이더 조를 좋아할 수밖에 없다.

자신감의 핵심은 품질

트레이더 조가 소비자들에게 신뢰를 얻은 이유는 새로운 재미뿐 아니라 엄격한 품질 관리 덕분이기도 하다. "확실하게 좋은 상품만을 내놓는다"는 원칙이 트레이더 조가 가진 자신감의 핵심이다.

트레이더 조의 매장 책임자는 상품 선택의 재량권을 갖는다. 각 지역마다 기후, 소비자의 취향, 특산품 등이 다르기 때문에 본사의 일괄적인 지침을 따르지 않고 상품을 선택한다. 하지만 그 과정에서 반드시 준수해야 할 '품질 원칙'이 있다.

예를 들면, 트레이더 조의 냉장닭고기는 닭장 안에서 키운 닭을 제외하고 방목한 닭만을 취급한다. 또한 2001년 유전자변형 농산물에 대한 소비자 반대 운동이 일어난 점을 감안해 유전자변형 농산물로 된 원료의 무첨가에 관한 인증제를 실시하고 있다. 냉장닭고기를 보면서 닭장에서 자랐는지 방목되었는지를 가려낼 수 있는 소비자는 없다. 그런데도 트레이더 조는 자신이 만든 소비자와의 약속을 지킨다. 이런 태도가 소비자의 신뢰를 얻을 수 있는 이유다.

최근 몇 년간 이어진 미국의 경기 불황 속에서도 선전하고 있는 유기농 식품 시장의 대표 브랜드 트레이더 조. 소비자들에게 근거 없는 사치심을 자극하는 것이 아니라 신뢰받을 만한 가치를 제공하는 것, 그것이 바로 트레이더 조가 우리에게 제시하는 '새로운 럭셔리'다.

역발상의 커피, 네스프레소

이민훈

불과 2~3년 전까지만 해도 에스프레소 기계를 가지고 직접 커피를 내려 먹는 소비자들은 많지 않았다. 얼리어답터로 통하는 한 동료의 자리에 들렀다가 처음으로 직접 에스프레소를 만들어 먹는 즐거운 경험을 했던 때가 기억난다. 커피가 담긴 알루미늄 캡슐을 커피머신에 넣고 초록색 버튼을 눌렀더니, 커피전문점에서나 맛볼 수 있는 진한 에스프레소가 나오는 것이었다. 그야말로 오감이 즐거운 경험이었다.

이제 이런 경험은 집에서나 회사에서나 익숙한 일이 되었다. 이 캡슐은 네슬레의 자회사인 네스프레소Nespresso에서 만든 것으로, 커피머신은 지멘스Siemens, 크룹스Krups, 마지믹스Magimix 등 네스프레소와 제휴한 가전회사에서 만든다. 네

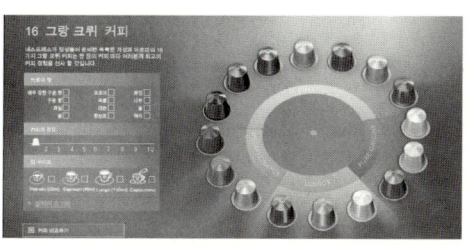

각기 다른 빛깔의 커피 캡슐들이 보는 이의 눈까지 즐겁게 한다.

자료: http://www.nespresso.com

스프레소 머신에 네스프레소 캡슐을 넣으면 간편하게, 그것도 스타벅스 커피 가격의 3분의 1에 불과한 비용으로 고급 커피를 맛볼 수 있다. 또 16가지 맛을 각기 다른 빛깔의 그랑 크뤼grand cru라는 개별 진공 포장 캡슐에 담아 판매하는데, 빈 캡슐을 가지런히 모아놓은 모양은 하나의 장식 조형물 같아서 눈도 즐겁다.

　유럽에서 네스프레소 커피머신은 훨씬 이전부터 가정의 필수적인 가전제품이 되었다. 국내에서도 네스프레스 머신을 구입하는 가정이 늘고 있다. 이처럼 네스프레소가 안락함과 심미성을 중시하는 것으로 알려진 유럽인은 물론, 첨단기술이나 모던함, 편리성을 중시하는 국내의 젊은이들에 이르기까지 폭넓은 고객층을 성공적으로 확보할 수 있었던 비결은 무엇일까?

　네스프레소의 인기비결을 통해 그들의 마케팅 포인트를 찾아보자.

자신만의 취향과 감성을 만족시키는 독특함

네스프레소가 인기를 얻은 첫 번째 비결은 바로 상품에 '나만의 것uniqueness'을 더했다는 점이다. 사실 네스프레소 같은 캡슐 커피머신을 생산하는 기업은 많다. 필립스Philips와 다우버 에흐베르츠Douwe Egberts가 공동으로 센세오Senseo라는 머신을 생산하고, 크래프트Kraft와 브라운Braun은 타시모Tassimo, 또 사무실용 커피머신으로 유명한 미국의 큐리그Keurig는 회사명과 동일한 가정용 커피머신을 생산하고 있다. 이들 머신과 네스프레소의 차이점은 바로 '유일함'이다. 다른 머신들은 수많은 원두 제조회사들에 의해 생산된 다양한 캡슐 커피를 이용할 수 있지만 네스프레소 머신에 맞는 캡슐은 오직 네스프레소 캡슐뿐이며 구입처도 한정되어 있다.

보통 범용적인 제품이 인기가 높을 것이라고 생각하지만, 네스프레소는 커피를 즐기는 고객들은 자신만의 취향과 감성을 만족시키는 독특한 제품을 더 좋아할 것이라는 역발상을 했다. 그래서 나만의 머신, 나만의 커피를 내세웠고, 그 예상은 적중했다.

이처럼 머신과 캡슐, 구입처를 한정시킨 덕분에 자연히 고객 커뮤니티가 공고해졌다. 네스프레소 클럽은 2010년 현재 전 세계적으로 700만 명이 넘는 회원을 보유하고 있다.

합리적인 고객을 마케팅 대상으로 선택

네스프레소의 두 번째 인기비결은 마케팅 대상을 잘 선택해 집중했다는 점이다. 네스프레소는 좋은 커피와 분위기를 추구하지만 합리적인 소비를 지향하는 고객들을 마케팅 대상으로 선택했다. 적당한 고품격으로 비교적 값이 저렴하면서도 감성적인 만족을 얻을 수 있는 매스티지^{masstige}를 공략한 것이다. 하루에도 몇 번씩 커피를 마시는 젊은 층에게 한 잔에 3,000~5,000원대인 스타벅스 에스프레소는 경제적으로 부담스러울 수밖에 없다.

이에 네스프레소는 30만~50만 원 정도를 투자하면 누구나 집안에 자신만의 그럴듯한 커피전문점을 가질 수 있게 해주었다. 1개당 1,000원이 채 안 되는(825~935원) 캡슐도 드립커피보다는 비싸지만 스타벅스 커피 가격의 3분의 1 이하인 셈이다.

시장이 형성될 때까지 기다리기

마지막으로 시장이 어느 정도 수준에 도달할 때까지 사업 착수를 미룬 '참을성'을 꼽을 수 있다. 원래 네슬레는 커피머신 제조사도 아니고 고급 원두커피를 생산하는 기업도 아니었다. 그저 냉동건조 인스턴트 커피인 네스카페[Nescafe]로 유명한 기업이었을 뿐이다.

사실 네슬레는 1976년에 이미 커피 캡슐 제조기술에 관한 특허를 획득했다.[29] 하지만 1986년까지는 에스프레소 머신을 만들지 않았다. 커피머신 제조업체들이 고압의 에스프레소 머신을 대당 300달러 이하로 생산할 수 있을 때까지, 즉 본격적인 시장이 형성될 수 있을 때까지 기다린 것이다. 점차 가정에서 합리적으로 에스프레소를 즐기려는 잠재 고객이 늘어나 시장성이 엿보일 때 비로소 네스프레소를 출시하며 대박을 터뜨렸다.

최근 스타벅스가 위기를 맞고 있다고 한다. 2010년 9월 초 스타벅스가 발표한 2010년 회계연도 실적 보고에 의하면 수익은 6%, 점포 매출은 9%가 떨어진 것으로 밝혀졌다.[30] 스타벅스가 패스트푸드화된 것을 그 원인으로 지적하기도 한다. 사람들이 커피에서 원하는 것은 방금 내린 커피, 나만을 위한 정성어린 한 잔이 아닐까. 네스프레소는 사람들의 이런 마음을 잘 읽었고 그 사실에 충실했다.

• 숨겨진 95%의 니즈를 보는 법 • 저가항공의 편견을 깬 제트블루 • 서비스 사관학교, 리츠칼튼 • 기네스에 오른 판매왕의 세일즈 전략 • 판매 달인의 1등 영업 노하우 • 우리 제품, 어떻게 소문낼까? • 거짓말, 유능한 사업가의 필수품? • 스티브 잡스처럼 설득하라! • 마피아 리더십의 비밀 • 지상에서 가장 완벽한 조직을 추구하는 FBI

제3장

마음까지 훔쳐야 진짜 고수다

숨겨진 95%의 니즈를 보는 법

정태수

나는 아침마다 출근길에 아이스 아메리카노를 한 잔 사들고 온다. 재미있는 사실은, 회사에 오면 결코 품질이 뒤지지 않는 아메리카노를 공짜로 뽑을 수 있다는 것이다. 에스프레소 머신에는 신선한 얼음까지 준비되어 있지만, 그럼에도 불구하고 나는 출근할 때마다 굳이 커피를 사서 마신다. 아마 이런 습관은 계속될 것이다.

　도대체 왜 이런 어처구니없는 행동을 하게 되는 것일까? 누군가 나에게 왜 그러냐고 묻는다면 그냥 "그때 아이스 아메리카노를 마시고 싶었다."라는 말밖에는 달리 설명할 도리가 없다. 그렇다면 만약 어떤 커피 브랜드에서 커피에 관한 설문 조사를 한다면 사정이 달라질까? 아마도 그때 역시

나는 정확한 답을 할 수 없을 것이다.

이런 경험은 누구에게나 있다. 하버드 대학교의 제럴드 잘트만Gerald Zaltman 교수는 "How Customers Thinks: Essential Insights into the Mind of the Market"이라는 제목의 책에서 "말로 표현되는 니즈는 5%에 불과하다."고 말했다. 이는 기존의 시장 조사에 큰 한계가 있다는 뜻이며, 글로벌 기업들도 이제는 그 말이 허언虛言이 아님을 잘 알고 있다.

여러 조건이 통제된 상황에서 측정한 만족도와 구매 의향은 실제와 차이가 크고, 게다가 '평균값'의 의미는 갈수록 축소되고 있다. 소비행동 중에는 논리적으로 절대 이해되지 않는 것들이 너무나 많기 때문이다. 그래서 최근 글로벌 기업을 중심으로 고객의 숨은 니즈를 찾아내기 위한 다양한 노력이 시도되고 있다.

소비자 속으로 들어가라

가장 먼저 대두되고 있는 것이 '참여관찰법'이다. 소비자를 그냥 관찰하는 게 아니라, 아예 소비자들과 함께 생활하면서 소비자들의 자연스러운 행동을 관찰하고, 그 기저에 깔려 있는 내면 세계, 잠재의식, 욕구를 찾아내는 방법이다.

관찰자는 기업측 사람일 수도 있고, 면밀한 관찰이 가능한 가족이나 친척, 친구일 수도 있다. 물론 결과를 도출하기 까지 시간이 다소 걸린다는 문제가 있긴 하지만, 참여관찰법 을 활용해서 성공한 경우는 도처에 있다. 특히 세계적인 모 터사이클 브랜드 할리데이비슨Harley-Davidson이 대표적이다.

할리데이비슨은 마니아 집단 'Biker'의 독특한 문화를 관찰하기 위해 민속학자, 인류학자들이 팀을 이루어서 3년 간 연구를 진행했다. 이들은 철저하게 소비자로 위장해 할리 데이비슨의 마니아 집단 속으로 들어갔다. 그리고 체계적이 고 구체적인 촬영과 인터뷰, 관찰 등을 통해 할리데이비슨 마니아들의 행동양태와 의식, 집단의 구조 등을 집중 탐색했 다.[1] 그 결과 할리데이비슨을 구입하는 고객은 "특별한 집단 문화에 동조되려는 강한 욕구", "조직 내 권력 지향적인 의 식구조" 등을 가지고 있다는 사실을 밝혀냈다. 그리고 이를 마케팅에 바로 활용했다. 집단사상이 거의 종교화되어 있고, 몰입도에 따라서 자연스럽게 위계가 결정되는 이 독특한 조 직에게 소속감을 높여주기 위한 도구로 의류, 액세서리를 사 용한 것이다. 결국, 이는 할리데이비슨 매출을 높이는 데 초 강력 동인이 되었다.

참고로, 이런 참여관찰법은 최근 글로벌 기업들 사이에 급격히 확산되고 있다. P&G, 플렉스트로닉스Flextronics, 볼보 Volvo, 인텔 등 소비재 기업은 물론이고 전자부품 기업에 이 르기까지 많은 기업들이 제품 트렌드와 소비자의 필요, 더 나아가 기술의 파급 속도와 파급 양상을 파악하는 데 참여관찰법을 적극 활용하고 있다.

생체 반응엔 거짓말이 없다

고객의 숨은 니즈를 찾는 두 번째 방법은, 생체적인 반응을 보는 것이다. 의료장비가 발달하면서 이제 심리학은 의학과 연결되어 다양한 분야에 활용할 수 있게 되었다. 고객 조사도 그 일환이다. 대표적인 것이 '아이트래킹Eye-tracking'으로, 동공의 움직임을 분석하여 고객의 실제적인 관심이 무엇인지를 파악하는 방법이다.

아메리칸 익스프레스American Express의 의뢰를 받은 칸 리서치 그룹Khan Research Group은, 슈퍼마켓에 온 고객의 동공 움직임과 그들의 표정 등을 포착해서 소비자들의 행태를 분석했다. 또 광고기업 옴니콤Omnicom은 인쇄 광고에서 왼편에는 사물이나 사람, 오른편에는 글을 배치하는 것이 가장 최적의 배치 방식임을 밝혀내기도 했다. 이 역시 아이트래킹 분석을 통해서 얻은 연구 결과였다.

그런가 하면 광고나 이미지, 청각, 촉각에 대한 뇌의 활성화 반응을 통해서 소비자의 미묘한 심리를 파악하려는 노력도 많이 하고 있다. 세일 상품에 빨간 가격표를 붙이면 더 잘 팔린다는 것도 광고회사의 뇌 연구 결과로 입증된 사실이다. 빨간색이 흥분을 일으킨다는 것이다.

한편, 혼다Honda는 사람 얼굴을 닮은 모터사이클을 개발했는데, 이는 뇌 영상 실험에서 사람의 얼굴을 연상시키는 모터사이클 디자인이 더욱 오래 남는다는 연구 끝에 나온 결과였다.

그 밖에도 사람들이 생각하는 뻐근하다, 불편하다, 부드럽다 등의 기준을 근전도 검사로 측정하여 저마다 다른 주관적 기준을 정량화해서 제품 개발에 반영하고자 노력하는 기업들도 있다. 히타치Hitachi는 근전도 검사를 통해 사용자의 느낌을 정확히 반영하는 청소기, 운전대에 손을 대면 운전자의 상태를 바로 체크하는 손가락 정맥 인증 기술을 개발하여 출시한 바 있다.

무의식을 포착하라

고객의 숨은 필요를 찾는 세 번째 방법은, 고객의 무의식을 포착하는 것이다. 앞서 이야기한 바와 같이 고객에게 특정 목적으로 설문 조사를 하는 것은 고객이 의식적으로 무언가를 생각해내야 한다는 점에서 다양한 방해기제가 작동한다. 정말 생각이 안 난다든지, 자신에게 해가 된다든지, 잘 모르겠다든지, 다른 사람에게 잘 보이고 싶은 심리가 작용한다든지 등등 수많은 생각들이 떠오르기 때문이다. 그래서 무의식을 포착하기 위해 고객에게 간접적인 은유를 사용하기도 한다. 특히 하버드 대학 잘트만 교수에 의해 개발된 ZMET^{Zaltman Metaphor Elicitation Technique}은 언어가 아닌 이미지, 몸짓, 눈짓 등의 준언어를 통해서 고객의 행동양식을 파악할 수 있게 해주는 측정 방법이다.

네슬레^{Nestle}는 크런치바를 출시하기 전에 이 ZMET을 사용한 적이 있다. 인터뷰 대상자들에게 인터뷰 전, 크런치바와 관련된 그림을 10장 정도 가져오게 하자 사람들은 나무 울타리나 눈사람, 할아버지의 시계 등의 그림을 가져왔다고 한다. 이런 이미지들은 '어린 시절의 추억'과 관련된 것들로, 사람들은 크런치바를 생각할 때 무의식적으로 어린 시절의 추억을 떠올린다는 사실을 반증해주었다.[2] 이는 이후 마케팅 활동에 적극 반영되었다.

최근의 고객심리 조사 트렌드는 다양한 사람들에 대한 전체 조사가 아니라 한 사람의 심리라도 온전하게 이해하는 정성적 방법이 많이 도입되고 있다. 그런 측면에서 보면 영향력이 있는 소수나 마니아들을 공략하는 방법, 나아가서 이들의 커밋먼트^{commitment}를 활용하는 방법은 여전히 유효하다.

또 한 가지 트렌드는 고객 조사에서 의학, 심리학, 문화

인류학 등 다양한 분야와 각종 의료, IT기술 등 다양한 도구, 그리고 앞에서 말했던 정성적 방법과 정량적 방법 등 폭넓은 스펙트럼을 통해 고객을 이해하려는 노력이 진행되고 있다는 점이다.

어떻게 보면, 그동안 우리는 고객의 숨은 필요를 찾는 게 얼마나 어려운지 잘 알면서도 정작 소비자 조사를 할 때마다 너무나 뻔한 방법들만 사용한 건 아닌지 돌아볼 필요가 있다. "고객이 무엇을 필요로 하는가에 대한 이해는 마케팅의 출발점이며, 경영에서 이것이 없으면 장님과도 같다."라고 세계적인 마케팅 대가 필립 코틀러Philip Kotler는 말했다. 그의 말을 되새기면서 고객이 진짜 원하는 것을 찾기 위한 새로운 시도를 모색해야 할 것이다.

저가항공의
편견을 깬
제트블루

홍선영

저가항공사 하면 가장 먼저 떠오르는 이미지는 낮은 가격, 그리고 다소 만족도가 떨어지는 고객 서비스일 것이다. 사실 저가항공을 선택했다는 것은 어느 정도의 불편함을 감수하고 서비스에 대한 기대를 별로 하지 않겠다는 뜻을 내포하고 있기도 한다. 그런데 사우스웨스트 항공Southwest Airlines과 함께 미국 저가항공사를 대표하는 제트블루 항공Jetblue Airways은 이러한 편견을 깨면서 화제의 주인공이 되었다.

미국의 경제잡지 《비즈니스위크》는 해마다 우수한 고객 서비스를 제공하는 상위 25개 기업을 골라 '커스터머 서비스 챔프Customer Service Champ'에 선정하는데, 제트블루는 항공사로서는 유일하게 2007년부터 2009년까지 3년 연속 포함됐다. 또 미국 항공사 중 매출 순위로는 9위이지만 고객 서비스만큼은 1위로 꼽히고 있다. 이런 고객 서비스 만족도는 높은 매출로 이어져, 성장률이 낮다는 항공산업에서 2005년 이후에도 연평균 20%를 웃도는 고성장을 이루어냈다.

제트블루가 저가에도 불구하고 어떻게 고객감동 서비스의 대명사로 평가받게 되었는지 그 비결에 대해 알아보자.

고객들이 가장 목말라하는 아늑한 공간

첫째로, 그들은 고객이 중요하게 생각하는 가치를 찾고 이를 제공했다.

저가항공사인 제트블루에는 없는 게 많다. 왕복항공권을 발행하지 않고 일등석도 없고 기내식도 없다. 물론 승무원의 수도 적다. 하지만 이처럼 불리한 자원보다 고객이 원하는 것에 집중한다면 극대화된 효과를 끌어낼 수 있을 거라 생각했다. 그래서 고객들이 가장 목말라하는 안락한 공간을 제공하기로 결정했다.

제트블루는 저가항공에도 불구하고 가죽 시트와 넓은 좌석 공간, 위성 TV를 중심으로 한 엔터테인먼트 시스템, 그리고 무료 기내 이메일 서비스 등 여타 메이저 항공사에서도 제공하지 않는 서비스들을 갖추고 있다.

또 풍부한 식음료를 제공한다는 점도 차이점이다. 고가나 저가를 막론하고 다른 항공사들은 보통 단거리 노선의 경우 물과 비스킷 몇 조각만을 제공하는 데 비해, 제트블루는 음료와 스낵을 무제한으로 제공하고 있다. 물론 적은 수의 승무원이 빠르게 서비스하기 위해 캔 음료와 완제품 커피를 제공하긴 하지만 고객들은 무제한 이용할 수 있다는 점에서 굉장한 만족감을 보인다.

이러한 특화된 서비스 중에서도 하이라이트는 아마도 '만능항공권All-You-Can-Jet'일 것이다. 2009년에는 불황 때문에 경제적으로 어려워진 소비자들을 위해 제트블루의 56개 항공노선을 한 달간 무제한으로 이용할 수 있는 599달러의 만능항공권을 출시했다.

사실, 이전에 에어캐나다Air Canada가 2007년에 유사한 항공권을 출시한 바 있지만 당시 가격은 현재 제트블루의 약 2.6배에 달할 만큼 비쌌다. 그만큼 제트블루의 항공권 가격은 파격적이다.

소비자가 원하는 것을 찾아내고 이를 최대한 제공하는 것. 이것이야말로 제트블루가 고객 서비스 부분 최고가 된 비결 중 하나일 것이다.

체계적인 시스템을 기초로 한 제트블루의 친절

둘째로, 제트블루는 서비스의 질을 높이기 위해서 상하의 소통창구를 만들었다.

제트블루는 고객조사를 실시한 결과, 고객들이 기내식보다 '승무원의 친절'을 더 중요하게 생각한다는 사실을 알아냈다. 그래서 승무원 친절 교육을 무기로 시장점유율을 높여왔다.

사실 승객들이 인정하는 '제트블루의 뛰어난 친절함'은 체계적인 서비스 시스템을 통해 달성된 것이다. 제트블루의 임원들은 일명 '블루시티Blue City'라고 지칭되는 목적지를 하나씩 맡아 블루시티에 가는 동안 승무원들과 함께 일하며 직접적인 의사소통의 기회를 갖는다. 매 분기마다 이뤄지는 이런 시스템을 통해 승무원들은 멀다고 느낄 수 있는 본사 경영자들과 강한 연대감을 나누고, 현장에서 느낀 미흡한 점, 또 개선해야 할 서비스에 대한 의견을 직접 임원에게 전달한다. 따로 창구를 찾거나 적합한 직책의 사람을 찾는 번거로움 없이 의견이 바로 반영되기 때문에 서비스의 질은 높아질 수밖에 없다.

유나이티드 항공United Airline 등 기존 대형 항공사가 불친절한 승무원에 대한 고객의 불만을 외면해 쇠락의 길을 걷게 된 것을 볼 때, 제트블루가 서비스에 올인하는 것은 매우 영리한 선택이라 할 것이다.

2007년 2월 14일, 미국 동북부의 폭설로 인해 제트블루 항공기에 탑승한 승객들이 케네디공항 활주로에서 9시간 이상 기다리는 일이 발생했다. 당시 CEO였던 데이비드 닐먼^{David} Neeleman은 사태 직후 유튜브를 통해 진심으로 고개를 숙이며 '고객 권리장전'을 발표했다. 비행기가 착륙한 후 1~2시간 내에 게이트에 도착하지 않으면 고객에게 100달러를 지급한다는 고객 피해보상에 관한 내용이었다. 항공기 결항 사태에 대해 항공사가 이처럼 신속하게 사과하고 대책을 마련한 것은 제트블루가 처음이었다고 한다.

어차피 저가를 표방한 상황에서 지나치게 무리하는 것 아니냐는 우려의 목소리가 있지만 제트블루는 "고객감동은 곧 기존 고객의 재구매를 유도하기 때문에 탑승률이 높아지고 마케팅 비용 절감을 통해 비용을 낮추는 효과가 발생한다."고 입장을 고수하고 있다.

저가항공업계는 그 어떤 시장보다 경쟁이 치열하기 때문에 지금까지 사라진 항공사들이 셀 수도 없이 많다. 모두 가격경쟁에만 승부를 걸었던 탓이다. 하지만 제트블루는 소비자들도 미처 기대하지 않았던 최고의 감동 서비스 전략이 있었기에 오늘도 비상하고 있다.

서비스 사관학교, 리츠칼튼

이 동 훈

다음은 리츠칼튼 호텔Ritz Carlton Hotel로 보낸 한 고객의 편지이다.[3]

"호텔 직원 한 사람과 함께 엘리베이터를 탄 적이 있습니다. 내가 6층 버튼을 눌렀는데 그 직원은 버튼을 누르지 않더군요. 그래서 같은 방향인 줄 알았죠. 근데, 6층에 도착하자 그 직원은 내리지 않고 '좋은 하루 보내세요'라는 말만 했습니다. 그래서 물었죠. '어디 가시죠? 6층에 내리지 않나요?' 그러자 그 직원은 이렇게 말했습니다. '예, 저는 5층으로 다시 내려갈 겁니다.'

순간 한 대 맞은 것 같았습니다. 그 직원은 자기보다 고객의 시간을 더 중요하게 생각했기 때문에 일부러 버튼을 누르지 않았던 겁니다. 그 직원을 찾아서 칭찬해주고 싶습니다."

참 대단한 직원이 아닐 수 없다. 그런데 더 놀라운 점은 나중에 밝혀진 바에 의하면 그 직원이 당시 리츠칼튼의 대표이사, 사이먼 쿠퍼Simon Cooper였다는 사실이다.

리츠칼튼에서는 말단 직원이건 사장이건 고객감동을 위해 헌신적으로 서비스한다는 것, 그리고 리츠칼튼의 명성이 괜한 것이 아님을 보여주는 사례라 할 수 있다.

리츠칼튼, 그들만이 갖고 있는 특별함을 살펴보자.

다른 곳에서는 경험할 수 없는 서비스의 가치, 마음

첫째, 리츠칼튼은 서비스의 가치를 알고 있다.

'다른 곳에서는 결코 찾아볼 수 없는 대접'.

리츠칼튼 사람들은 서비스를 이렇게 정의한다. 손님이든 직원이든 리츠칼튼에서는 환영받고 특별하다고 느낄 수 있으며, 독창적이고 잊을 수 없는 대접을 받게 해주겠다는 뜻이다.

리츠칼튼은 진심어린 환대와 쾌적함, 최상의 경험을 제공하는 것이야말로 바로 서비스의 황금표준이라고 말한다. 리츠칼튼에는 20가지 기본 수칙과 12가지 서비스 가치가 명시화되어 있다. 기본 수칙이 고객을 대하는 행동방식을 정리

리츠칼튼의 12가지 서비스 가치

1. 나는 평생 돈독한 인간관계를 형성하고 리츠칼튼 고객을 창조한다.
2. 나는 표현하든 표현하지 않든 상관없이 고객의 소망과 욕구에 항상 대처한다.
3. 나는 고객을 위해 독특하고 인상적이며 개인적인 경험을 창조할 권한이 있다.
4. 나는 핵심 성공요소를 성취하고 커뮤니티 풋프린트를 수용하며 리츠칼튼 미스틱을 창조하는 과정에서 내가 수행해야 할 역할을 이해한다.
5. 나는 리츠칼튼 경험을 혁신하고 개선할 기회를 지속적으로 모색한다.
6. 나는 고객의 문제를 책임지고 즉시 해결한다.
7. 나는 팀워크와 탁월한 서비스를 지원하는 업무환경을 조성해 고객과 동료들의 욕구를 충족시킨다.
8. 나는 끊임없이 배우고 성장할 기회를 가진다.
9. 나는 나와 관련된 업무의 계획 과정에 참여한다.
10. 나는 전문가다운 용모와 언어 그리고 행동에 자부심을 느낀다.
11. 나는 고객과 동료의 사생활과 안전 그리고 회사의 기밀정보와 자산을 보호한다.
12. 나는 탁월한 수준의 청결함을 유지하고 사고의 위험이 없는 안전한 환경을 조성할 책임이 있다.

한 것이라면, 서비스 가치는 서비스의 존재방식을 정리한 것이다. 서비스는 고객이 원하는 방식으로 존재해야 한다. 기본 수칙은 명시된 대로 따라하면 되지만, 서비스 가치를 실천하기란 생각보다 어렵다. 고객이 무엇을 원하는지 스스로 생각하고, 상황에 따라 유연하게 대처해야 하기 때문이다. 즉, 서비스 가치를 실천하려면 개개인의 창의성과 유연성을 총동원해야 한다.

결론적으로 리츠칼튼이 추구하는 서비스의 가치는 매뉴얼대로 하는 기계적인 서비스가 아니라 마음이 담긴 진정한 서비스만이 고객을 감동시킨다는 것이다.

채용부터 퇴직까지
자부심과 역량을 키우는 장치, 훈련

둘째, 리츠칼튼은 호텔리어 사관학교이다.

여기서 한 가지 흥미로운 사실이 있다. 리츠칼튼 임직원의 월급이 동종업계보다 월등하다거나 파격적인 복리후생 제도가 뒷받침되는 게 아니라는 점이다. 그럼에도 불구하고 리츠칼튼의 직원들은 최고의 서비스를 위해 그렇게 노력할 뿐 아니라, 이직률도 업계 평균을 훨씬 밑돈다. 그 비결은 무엇일까?

리츠칼튼에는 신입사원의 채용부터 퇴직에 이르기까지 전 단계에서 임직원들의 자부심과 역량을 향상시키는 제도가 곳곳에 숨어 있다. 이를테면, 채용 단계에서 리츠칼튼은 '고용'이 아니라 '선발', '선택'되었다는 표현을 사용한다. 일자리를 채울 사람이 아니라 탁월한 서비스를 제공할 최상의 인물을 선택했다는 것이다.

그뿐 아니라 신입사원 오리엔테이션에서는 총지배인을 비롯하여 고위경영자들이 직접 신입사원을 맞이하는가 하면, 중고위급 간부를 채용할 때 일선 직원까지 참여해서 최고의 인재를 물색한다. 말단 직원이나 간부나 직급은 달라도 최상의 인물을 뽑아야 하는 건 마찬가지이기 때문이다.

이렇게 입사한 사람들은 매일 15분씩 하는 라인업 미팅을 포함해서 매년 250시간 동안 리츠칼튼이 자부하는 최고의 호텔리어가 되는 훈련을 받는다. 이 기간에 사람들은 리츠칼튼만의 노하우와 기술을 전수받는다. 그래서 리츠칼튼의 호텔리어는 경쟁 호텔이나 타 서비스업계로부터 종종 스카우트 대상이 되기도 하고, 실제로 그런 식으로 이직이 이루어지기도 한다.[4]

그럼에도 불구하고 리츠칼튼은 이러한 훈련방식에 특별한 제한이나 이직 방지 장치를 두지 않는다. 그 이유는 능력이 부족한 직원과 일하기보다는 차라리 직원의 능력을 개발하여 경쟁업체에 뺏길 위험을 감수하는 편이 낫다고 생각하기 때문이다.

이처럼 리츠칼튼은 한번 들어온 직원에 대해서 평생직장을 보장하지는 않지만 적어도 평생 근무할 수 있는 역량은 개발해준다.

과학으로 업그레이드된 서비스

셋째, 리츠칼튼은 지속적인 R&D를 통해 '서비스의 과학'을 만들고 있다.

리츠칼튼은 고객취향카드를 통해 고객정보 DB를 구축하는 것은 물론, 매일 라인업 미팅을 통해 현장 정보를 교환한다. 이렇게 해서 모인 정보를 바탕으로 서비스의 표준, 프로세스의 표준을 만든다.[5]

리츠칼튼은 또한 업종은 달라도 고객층이 비슷한 기업들, 이를테면 불가리Bulgari나 메르세데스 벤츠Mercedes Benz, 아멕스AMEX, 프라다Prada 등과 파트너십을 유지하고 있다. 이로써 고객층의 소비 트렌드 변화에 대한 정보도 교환하고, 필요할 경우 벤치마킹도 하면서 서비스의 품질을 개선하는 것이다.

리츠칼튼의 서비스에 대해 살펴본 결과, 결국 최상의 서비스는 고객을 위하는 진정성이 있을 때 가능하고, 그것은 회사가 임직원들에게 그럴 수 있는 여건을 조성할 때 가능한 것이 아닐까 하는 생각이 든다. 리츠칼튼의 서비스 황금표준을 힌트로 한다면 서비스 경쟁력을 한층 업그레이드할 수 있을 것이 분명하다.

기네스에 오른 판매왕의 세일즈 전략

홍선영

최고의 판매 달인으로 12년간 기네스북에 등재되며 전 세계 영업인들의 선망의 대상이자 전설이 된 주인공이 있다. 매일 5대 이상의 시보레^{Chevrolet}를 판매하여 15년간 무려 1만 3,000대를 판 자동차 판매왕 '조 지라드^{Goe Girad}'(1928년~)이다.[6] 우리나라에서도 기아자동차의 김연중 씨가 1978년부터 12년간 4,484대를 팔고 1989년 한 해 동안 558대를 팔아 최단기간 한국에서 자동차를 가장 많이 판 사람으로 1990년 기네스북에 오른 바 있지만[7] 조 지라드의 기록은 김 씨의 판매량 2배를 훌쩍 넘는다.

조 지라드는 고등학교에서 퇴학당한 뒤 40군데 이상의 직장을 전전하다가 35세까지 인생 낙오자처럼 살았다고 한

조 지라드의 책 《최고의 하루》(김명철 역, 다산북스, 2004). 원제는 'How to Sell Anything to Anybody'로, 미국 내에서 100만 부가 넘게 팔린 베스트셀러이다.

다. 그러던 그가 전설적인 판매왕으로 등극할 수 있었던 비결은 과연 무엇일까?

한 단계 한 단계 천천히

조 지라드의 첫 번째 비결은 한 단계씩 천천히 고객을 확보하는 것이었다. 보통 영업사원들은 단 한 번의 영업으로 고객의 마음을 얻으려 하는 데 비해, 그는 자신만의 프로세스를 가지고 차근차근 접근했다.

"벽을 향해 스파게티를 많이 던지다 보면 그 중에 하나는 벽에 붙을 것이다."라는 이탈리아 속담이 있다. 꾸준한 노력만이 잠재된 기회를 잡을 수 있는 최고의 방법이라는 뜻이다. 이 말처럼 지라드는 무작정 전화번호부에 있는 번호로 전화를 걸고 DM을 발송하기 시작했다. 물론 그는 수많은 고객들이 이러한 영업 방식에 익숙해져서 전화를 빨리 끊거나 우편물을 뜯지도 않은 채로 버린다는 사실을 잘 알고 있었다. 그래서 그는 고객들에게 단계적으로 다가갔다.

처음에는 차를 살 계획이 있는지를 물어본 후, 만약 배우자와 상의가 필요하다고 하면 간단히 귀가 시간만 물어보고 전화를 끊었다. 그리고 나서 귀가 시간 이후에 다시 전화를 걸어 차를 언제쯤 바꿀 계획인지만 물어보았다. 사실 이런 간단한 질문에는 대부분 쉽게 대답을 하기 때문에 여기까지는 그다지 어렵지 않다. 고객이 차량 교체 시기를 이야기하면 메모한 뒤, 그 날짜에 다시 연락해서 그때는 선호도나 구매 방식 등과 같은 구체적인 정보를 얻는다.

이처럼 전혀 모르던 사람을 잠재고객 리스트에 올리기 위해서는 그만큼 큰 노력이 필요하다. 그리고 이러한 노력이야말로 벽에 면발이 붙게 할 가능성을 높여주는 것이다.

고객의 눈높이에 맞추라

조 지라드의 두 번째 비결은 철저히 고객의 입장에서 생각하고, 고객의 사소한 감정 변화도 놓치지 않는 것이었다. 고객들은 본능적으로 영업사원에 대해 부정적인 인식을 갖고 있으며 잘못된 구매를 하게 될까 봐 두려워한다. 혹 마음에 들지 않는 물건을 강요에 의해 사거나 비싸게 사게 되지 않을까 하는 걱정과 부담감이 함께 작용하는 탓이다.

　지라드는 이러한 고객의 선입견과 긴장감을 해소하기 위해 고객의 눈높이에 자신을 맞추도록 노력했다. 먼저, 그는 많은 돈을 벌었음에도 불구하고 시보레를 사러 온 고객들과 비슷한 수준의 단정하고 깨끗한 옷만을 입었다. 만약 그가 명품 차에 명품 옷으로 치장했다면 고객들은 자신들을 통해 얻은 과도한 이익으로 부를 누리고 있다는 생각에 거부감을 갖고 멀어졌을 것이다.

　또한 그는 고객에게 관심을 갖고 그들이 말하는 사소한 이야기에도 귀를 기울였다. 예를 들어, 고객의 차에서 낚시 도구를 발견했다면 최근 어디로 낚시를 갔는지 물었다. 그 질문에 마음이 혹한 고객이 신이 나서 자신이 잡은 큰 물고기에 대해 자랑하면, 지라드는 그 물고기가 피라미에 불과해도 상어를 잡은 것처럼 호응해주었다. 그는 이처럼 작은 관심만으로도 충분히 고객과의 친밀도를 높이고 고객 마음속의 벽을 허물 수 있음을 잘 알고 있었다.

한 사람의 고객을 250명의 고객을 대하듯

조 지라드의 세 번째 비결은 구전 효과를 고려한 무한 서비스 정신이었다. 그가 평소에 신념처럼 주장한 것은 '250의 법칙'이었다. 보통 사람들은 결혼식이나 장례식과 같은 인생의 중요한 행사에 초대할 만한 지인을 250명 정도 가지고 있다는 사실에 근거해, 그는 한 사람의 평균 인맥이 250명이라는 것을 발견했다.

이를 세일즈 법칙에 적용해보면, 한 영업사원이 한 달에 단지 2명의 고객에게 부정적인 이미지를 주었다고 가정할 때 약 한 달 뒤에는 이 2명의 각자에게 있는 250명 지인을 통해 500명에게 그 이미지가 전해지게 된다. 1년 쯤 지난 뒤에는 그 영업사원에 대해 부정적인 생각을 갖고 있는 사람이 기하급수적으로 증가하게 될 것이다.

이러한 사실을 깨달은 지라드는 고객 한 사람의 중요성을 간파하고 고객 한 사람을 대할 때 마치 250명의 고객을 대하듯 최선을 다했다. 그는 고객들을 위해 낮은 가격에 차를 구입할 수 있도록 하되 많이 팔아 이윤을 남기는 '박리다매' 방식을 선택했고, 차를 판매한 이후에도 차에 문제가 생겼을 경우 자기 돈을 들여서라도 완벽하게 수리해주었다. 이러한 입소문이 나기 시작하자, 고객들은 기하급수적으로 늘어났다. 실제로 지라드의 고객 중 60%는 지라드에 대한 입소문을 듣고 스스로 찾아오거나 재구매한 경우였다고 한다.

지금까지 살펴본 바와 같이 지라드의 성공적인 영업 핵심은 고객에 대한 진실된 마음과 행동이다. 그는 매달 1만 3,000명이나 되는 고객들에게 사적인 메시지를 담은 편지나 카드를 친필로 써서 보냈다고 한다. 신년이나 생일 등 상황에 따라 내용은 달라지지만 개인적인 인사말은 늘 똑같았다.

"저는 당신이 좋습니다."

요즘은 화려한 언어와 아이디어만으로 단숨에 고객을 유혹하려는 경향이 강하다. 그래서 그런 방법들이 각광을 받기도 한다. 이런 분위기 속에서 진실된 마음과 끈기로 영업왕에 오른 조 지라드, 그의 느리지만 착한 영업 방식이 지금과 같은 불황기에 고객의 마음을 녹일 수 있는 뜻밖의 열쇠가 될 수도 있을 것이다.

판매 달인의 1등 영업 노하우

이 동 훈

일본의 유명한 두부장수 이야기가 있다. 두부장수는 두부가 너무 안 팔리자 하루는 한 대학의 교수를 찾아가 조언을 구했다. 그런데 그 교수님의 조언은 다소 실망스러울 정도로 단순했다. 매일 같은 시간에 장사를 하라는 것이었다. 두부장수는 그게 장사에 큰 도움이 될까 싶었지만, '밑져야 본전'이라는 심정으로 매일 똑같은 시간에 장사를 나갔다. 그런데 신기하게도 하루 이틀 손님이 늘면서 매출도 큰 폭으로 올랐다. 원인은 무엇이었을까?

그 두부장수는 일본의 고엔지高円寺 지역에서 두부를 팔았는데, 그곳 주민들은 대부분이 샐러리맨이었다. 출근 시간이 일정하다 보니, 아침 식사를 준비하는 시간도 항상 똑같았다. 그래서 사람들은 매일 아침마다 똑같은 시간에 오는 두부장수를 '당연히 오는 사람'으로 인식하기 시작했고, 어느 순간부터는 두부장수의 방문을 기다리게 되었다. 두부장수에게 조언을 해준 대학 교수는 이 지역 주민들의 생활 패턴을 잘 알고 있었던 것이다.

두부 한 모를 팔 때도 이런 상술과 전략이 필요하다. 우리나라에도 이와 같이 뛰어난 상술로 판매의 달인이 된 사람들이 있다. 그들의 판매 전략을 알아보자.

지속적인 관심이 일군 신뢰

먼저, 이문동의 터줏대감, 리어카 과일 행상의 달인 고창석씨의 사례이다.[8] 그는 이문동 주민들 사이에서 그를 모르면 간첩이라는 말이 나올 정도로 유명인사이다. 고창석 씨의 첫 번째 판매 전략은 '매직타임을 찾아라'이다. 그는 여러 번의 시행착오를 겪고, 주부들의 생활 패턴을 분석한 끝에 매직타임이 오전 9시 30분이라는 사실을 알아냈다.

주부들의 아침 스케줄은 보통 이렇다. 아침에 남편은 출근, 자녀들은 등교시킨 후 아침 드라마를 시청하고 난 다음에야 본격적인 하루의 일과를 시작한다. 그 시간이 바로 오전 9시 30분이고, 그 전에는 아무리 과일을 들고 돌아다녀도

사러 나오는 사람이 없다는 뜻이기도 하다.

이처럼 노점일수록 영업시간이 일정해야 한다는 고창석 씨의 신념은 38년 동안 지켜온 고객과의 약속이었다. 늘 같은 시간, 같은 장소, 같은 품질로 소비자들을 만나러 오는 그의 한결같은 모습은 주민들에게 강하게 인식되었고, 신뢰를 얻어 이제는 주민들이 오히려 그가 올 때까지 과일을 사지 않고 기다릴 정도라고 한다.

두 번째 판매 전략은 고객정보를 활용한 맞춤 서비스이다. 흔히 과일 노점상은 트럭을 골목 한쪽에 세워두고 확성기로 "과일이요 과일~"이라고 손님을 부르는 경우가 대부분이다. 하지만 고창석 씨는 아직도 리어카를 고집하며 폭이 2미터도 안 되는 골목 안으로 들어가 주민들의 집 대문 앞에서 과일을 사라고 외친다.

이때 고창석 씨는 주민들에 대해 알고 있는 정보를 적극 활용한다. 어느 집 손님이 어떤 과일을 좋아하는지 미리 기억해두었다가 포도를 좋아하는 집 앞에서는 포도를, 수박을 좋아하는 집 앞에서는 수박을 외치는 식이다. 그러면 사람들은 자신이 좋아하는 과일 이름을 듣고 얼른 나와서 사간다. 또한 어느 집 과일이 언제쯤 떨어질지 미리 파악해두는 것도 잊지 않는다. 그래서 과일이 떨어질 때쯤 그 집을 찾아가 "사과 떨어지셨죠?"라고 한마디하면 구매율은 훨씬 올라간다.

한 번, 두 번, 세 번의 차이를 아는 섬세함

다음으로 소개할 판매 달인은 부메랑 판매자, 류기형 씨다.[9] 단 두세 시간 잠깐 팔아서 매상을 300만 원까지 올린다고 하는 그의 첫 번째 비결은 군중심리를 이용하는 것이다. 불특정다수지만 함께 공감대를 형성할 수 있게끔 유도하는 방법이다.

먼저, 그는 부메랑을 하늘로 날리기 직전에 "여러분~ 하늘을 보세요, 하늘"이라고 외치면서 호기심을 자극한다. 막연히 "여기요~"라고 하면 사람들이 잘 보지 않기 때문에 구체적으로 '하늘'을 지목해 외친다고 한다. 그 소리에 누군가 먼저 하늘을 보게 되면 주위 사람들도 따라서 하늘을 올려다보게 되는데, 이때 류기형 씨는 "하나, 둘, 셋"을 함께 외치게 한 뒤 부메랑을 던진다.

그러면 분위기는 한껏 달아올라 누군가 먼저 부메랑을 구입하기 시작하고, 군중심리가 작용해 너도나도 하나씩 구입한다고 한다.

두 번째 비결은 '나만의 매직 넘버'를 찾는 것이다. 류기형 씨는 손님들을 모아놓고 다양한 볼거리를 선사한다. 부메랑을 이용해 탁자 위 촛불 끄기, 두 발로 부메랑 받기, 시간차 받기, 오이 자르기 등 다양한 묘기를 보여주면서 손님들의 시선을 끈 뒤, 고객들에게 부메랑을 직접 던져보게 한다.

여기서 중요한 것은 단 두 번의 기회만 제공한다는 점이다. 왜 한 번도 아니고, 세 번도 아니고, 두 번일까? 그 이유는 한 번만 던져보게 하면 소비자들은 제대로 던지지 못하기 때문에 "에이, 어렵다" 하며 흥미를 잃을 수 있고, 세 번을 던져보게 하면 "이제, 다 던져봤다"고 생각해 구매를 하지 않는다는 것이다. 소비자들의 호기심과 기대감, 그리고 아쉬움이 남아 있는 단 두 번의 기회를 제공하는 것이고, 이 두 번의 기회는 류기형 씨의 매직 넘버인 셈이다.

타고난 상인은 많지 않다. 하지만 탁월한 상술은 많이 있다. 고객의 일상에 대한 지속적인 관심, 단 한 번의 차이도 깊이 파고드는 섬세함! 앞서 소개한 두 사람의 판매 달인이 전하는 비법을 통해서 자신만의 탁월한 상술을 구상해보는 것도 좋을 것이다.

우리 제품,
어떻게 소문낼까?

하
송

소비자가 기업활동에 참여하는 영역이 점차 확대되고 있다. 신제품을 개발할 때에 사용자 입장에서 의견을 제시할 뿐 아니라 광고 아이디어를 내고, 또 직접 광고 모델로 등장하기도 한다. 최근 몇몇 기업은 아예 소비자들이 직접 제작한 UCC 광고 영상물을 올릴 수 있는 인터넷 커뮤니티를 운영해 인터넷상에서도 입소문을 퍼뜨릴 수 있는 여건을 조성하고 있다.

경제 불황으로 인해 기업들은 홍보와 마케팅 비용을 줄이기 위한 새로운 아이디어를 찾고 있다. 그 중에서도 소비자들 스스로 제품을 홍보하고 입소문을 내도록 하는 구전 마케팅이 새로운 대안으로 떠오르고 있다. 이에 따라 기업 입장에서는 이 입소문을 전달해줄 '빅 마우스Big Mouth'를 찾는 것이 또 하나의 마케팅 전략이 되고 있다.

자, 그렇다면 소비자들의 입소문의 힘을 이용한 구전 마케팅에 성공하기 위해서는 어떻게 해야 할까?

숨겨진 실력자는 따로 있다

먼저, 입소문의 주체를 정확히 파악해야 한다. 제약 분야처럼 전문성이 높은 제품의 경우 오피니언 리더나 전문가 커뮤니티를 통해 이야기를 확산시키는 것이 일반적이었다. 광고를 통해 대중에게 인지도가 높은 전문가나 이미 얼굴이 잘 알려진 유명 인사들은 주변인들에게 신뢰성을 주고, 그들의 말 한마디가 갖는 파급력이 클 것이라고 생각하기 때문이다. 그러나 이에 대해 이의를 제기하는 주장이 등장했다.

와튼 스쿨의 이옌가르Iyengar와 벌트Bulte 마케팅학과 교수와 서던 캘리포니아 대학의 발렌테Valente 예방의학과 교수가 대도시의 의학 커뮤니티에서 구전 마케팅이 어떻게 전개되는지를 연구한 결과, 의외의 사실을 발견했다.[10] 유명세는 떨어지지만 해당 분야의 숨은 실력자가 실제로 신약 판매 확산에 더 큰 영향을 미친다는 것이었다.

여기서 '숨은 실력자'란 약을 직접 처방하고 환자들과 가장 가까이 접촉함으로써 신뢰를 몸소 실천하는 사람들로, 무명의 의사나 주변의 약사들이 이에 해당한다. 이들은 효능이 좋으면 적극적으로 신약을 사용하고 동료들과 환자들에게 추천하는 경향이 뚜렷했다. 반면, 오피니언 리더 집단은 자신의 신념에 대한 의지가 확고하고, 타인의 의견을 잘 듣지 않는 성향이 강해서 새로운 약을 받아들이는 데 보수적이었다.

논란의 중심에 서다

다음으로, 입소문의 주체를 파악한 뒤에는 이들이 주로 모이는 장소, 즉 커뮤니티 매체를 파악해야 한다. 미국에서 10대와 20대 젊은 남성들을 주요 타깃으로 하는 의류 브랜드인 에코Eco사는 요즘 젊은이들 사이에서 선풍적인 인기를 끌고 있는 UCC를 주목했다. 그래서 마치 일반인이 만든 것 같은 UCC 동영상을 제작하여 유포시켰다.[11]

동영상의 내용은 이렇다. 경비가 삼엄한 한 공군기지에 두 명의 청년이 잠입하여, 대통령 전용기인 에어포스원에 'Still Free'라고 낙서를 하는 매우 위험한 장면이었다. 이내 사람들 사이에서 동영상의 진위 여부에 대한 논란이 뜨겁게 일어나자 미국 국방부에서는 무려 세 차례나 동영상의 내용이 사실무근이라는 성명서를 발표하기도 했다. 결국 문제의 동영상을 제작해 유포한 주인공이 에코사라는 사실이 밝혀졌다. 대통령 전용기와 비슷한 모양의 화물기를 임대하여 촬영했던 것이다.

이 사실을 안 네티즌들은 그야말로 '낚였다'며 불만을 나타냈지만, 단기간에 화제를 불러일으키는 데에는 확실히 성공했다. 이 광고는 2006년 칸 국제광고제에서 사이버부분 대상을 수상하는 등 광고계에서도 성공적인 사례로 평가받았다.

직접 빅 마우스를 양성하라

세 번째, 소비자들이 자발적으로 입소문을 내주길 기다리지 않고, 아예 입소문을 내줄 인력을 양성하는 것이다. 글로벌 화장품 기업 니베아 Nivea는 남성 브랜드를 새롭게 출시하면서 고민에 빠졌다. 당시만 해도 화장품에 대한 남성들의 관심이 매우 저조했던 탓에 그들을 공략하기가 쉽지 않았던 것이다.

니베아는 남성용 화장품을 구매하는 사람들 대부분이 여성이라는 사실을 알아냈다. 그래서 2008년 2월부터 6개월간 타깃 남성들과 관계된 여성, 요컨대 가족이나 여자친구 4만

2,000명을 선정해 전도사 캠페인을 벌였다. 여기서 전도사
란 단순히 제품에 대한 정보를 전달하는 것이 아니라 실제로
다른 사람이 제품을 구매하고 사용하게끔 설득하는 사람들
을 뜻한다.

니베아는 전도사들을 초대해서 제품의 특성과 장점에 대
해 설명하고 샘플을 제공했으며, 이후 3주가 지난 뒤 설문
조사를 실시했다. 그러자 친구와 가족 등 주변의 지인들에게
제품을 추천하겠다고 응답한 사람이 58%나 되었다. 사용자
에게 가장 강력한 영향력을 발휘할 수 있는 대상을 정확하게
공략한 결과였다.[12]

지금까지 구전 마케팅의 성공적인 사례들을 살펴보았다. 먼
저 판매에 영향을 미칠 수 있는 대상을 찾고, 그 다음으로 그
들이 주로 사용하는 커뮤니티 수단을 파악해 해당 매체에 맞
는 특화된 전략을 구사해야 한다. 또 기업이나 브랜드의 철
학을 명확하게 전달하는 것도 중요하다. 에코사의 낙서 동영
상에 등장하는 문장 'Still Free'는 바로 에코사의 브랜드 슬
로건이기도 했다.

과연 우리 기업과 제품에 긍정적인 소문을 내줄 '빅 마우
스'는 누구인가? 그들에게 친근하게 다가가기 위해서는 어떻
게 할 것인가? 이제 새롭게 고민해보야 할 시점이다.

거짓말, 유능한 사업가의 필수품?

방
태
섭

'거짓말쟁이가 받는 최대의 벌'은 무엇일까? 유태인의 지혜 서인 《탈무드》에서는, "진실을 말할 때에도 사람들이 그의 말을 믿어주지 않는 것"이 거짓말쟁이에게 주어지는 최고의 벌이라고 했다.[13]

거짓말은 인간관계를 망치고 자신을 불리한 입장에 처하게 한다. 실제로 거짓말로 인해 종국에는 파멸에 이르는 경우를 주위에서도 어렵지 않게 찾아볼 수 있다. 그렇다면 어떤 경우에도 거짓말은 배격해야 하는 것일까?

도덕과 정직을 중시하는 《탈무드》에서 유일하게 거짓말을 허용하는 부분이 있다. 장사를 잘하는 사업가들이 능란하게 구사하는 거짓말도 이와 크게 다르지 않을 것이다.

과연 《탈무드》에서는 어떤 것을 지혜로운 거짓말이라고 했을까?

'매력'보다는 마음속 '기대'가 중요

결혼을 앞둔 친구가 있다. 그런데 그 친구의 예비 신부는 못생긴 데다가 지적이지도 않고 경제 능력도 없는, 그야말로 여자로서의 매력이라곤 찾아보기 어려운 사람이었다. 그런데 이 친구가 결혼식을 얼마 앞두고 자신의 신붓감에 대해 물어보았다. 이때 당신이라면 어떻게 대답하겠는가? "여자 쪽이 많이 기울어 보인다. 결혼을 다시 생각해봐라. 네가 손해보는 결혼을 왜 하냐?"라고 말하겠는가?

이런 경우 《탈무드》에서는, "부인이 정말 미인이니 행복하게 살아라!" 하고 말하라고 가르친다. 그러면서 행복한 가정생활에 대한 꿈을 그려주라는 것이다.

이 거짓말 속에는 아주 중요한 관계의 법칙이 숨어 있다. 사실 결혼은 '여자'와 하는 것이 아니다. 엄밀히 이야기하자면 앞으로 여자와 함께 보낼 '나날들'과 하는 것이다. 그러므로 여자의 매력 자체보다 남자의 마음속에 있는 아내가 될 사람에 대한 기대와 애정이 더 중요하다. 아내가 아무리 못생겼어도, "나는 정말 아내를 잘 만났다"는 마음만 끝까지 남아 있으면 그 사람은 성공한 것이기 때문이다.

비즈니스에서도 마찬가지다. 예를 들어, 떡 장사를 정말 잘하는 사람은 떡에 대해 절대 구구절절 설명을 늘어놓지 않는다. 고수일수록 고객의 수준과 마음을 100% 맞출 수 있는 떡은 없다는 사실을 본능적으로 체득하고 있기 때문이다. 다만, 이들은 고객의 마음속에 맛에 대한 기대를 불어넣어주기 위해 최선을 다한다.

제품의 기능이나 용도를 잘 설명한다고 해서 판매율이 높아지는 것은 아니다. 그보다는 제품을 갖게 될 경우 펼쳐질 새로운 세상에 대해 눈을 뜨게 해주는 것이 더 효과적이다.

먼저 고객의 선택을 100% 인정해주라

두 번째, 《탈무드》에서는 어떤 사람이 이미 물건을 산 뒤 그 물건에 대한 의견을 물으면, 설령 그 물건이 좋지 않아도 좋은 것이라고 말하라고 가르친다. 예를 들어, 어떤 고객이 A점포에서 핸드백을 산 뒤 B점포에 가서 "이 핸드백을 A점포에서 샀는데 아무래도 나와 안 어울리는 것 같아요. 가격도 비싼 것 같고요."라고 살짝 떠본다고 치자. 이때 유능한 매니저라면 이렇게 대답할 것이다.

"아니에요, 고객님께서는 정말 안목이 높으십니다. 이렇게 좋은 제품을 고르는 게 쉽지 않은데, 대단하세요. 음, 여기에 가격까지 조절하는 센스만 있으면 고객님을 따라갈 사람이 없겠는걸요."

그리고 비장의 카드인, 가격이 약간 낮은 핸드백을 살짝 보여준다. 이와 같이 응대할 경우, "왜 그런 걸 사셨어요? 환불하고 여기서 더 좋은 거 사세요."라고 말하는 것과는 결과가 판이하게 다를 것이다.

대부분의 사람은 자신의 선택을 인정해준 사람에게 마음을 열기 마련이다. 그러므로 상대의 선택을 100% 인정해주고 그 다음 내가 갖고 있는 카드를 꺼낸다면, 상대는 나와 손을 잡게 될 것이다.

거짓말 세계에서의 최고 거짓말은 바로 진실

마지막으로, 《탈무드》에 나오는 지혜로운 거짓말은 아니지만 현대 세계의 최고 거짓말에 대해 살펴보자. 그것은 바로 광고이다. 《보랏빛 소가 온다Purple Cow》의 저자로 유명한 세스 고딘Seth Godin은 "마케팅은 새빨간 거짓말이다!"라고 말했다. 실제로 15초의 예술로 불리는 광고에는 온갖 거짓말이 가득하다. 에어컨 하나 틀었다고 집안이 북극으로 변하고, 드링크 한 잔에 이효리처럼 몸매가 좋아질 수 있겠는가.

이렇게 잘 꾸민 거짓말로 먹고 사는 게 광고의 세계이다. 이런 흐름 속에서 지금까지 가장 효과적이었던 광고로 꼽히는 것이 바로 AT&T의 1980년대 카폰^{carphone} 광고이다.[14] 당시에는 MCI의 전화 요금이 가장 저렴하다고 알려져 있었다. 이에 AT&T는 자사의 전화 요금이 더 낮다는 사실을 알리고자 했다. AT&T의 광고는 매우 단순했다. 오전 10시에 두 명의 자동차 운전자가 LA에서 라스베이거스로 동시에 전화를 거는데, 단위시간당 AT&T(0.97달러)가 MCI(1.00달러)에 비해 요금이 더 저렴하다는 것을 아무 말 없이 숫자로만 보여주는 광고였다. 어떤 미사여구나 과장도 없이 가장 핵심적인 팩트^{fact} 하나를 소비자에게 그대로 전달한 것이다.

이 광고 덕분에 AT&T의 매출은 엄청나게 늘었다. 광고에서는 AT&T를 사용하면 전화비가 감소될 것이라고 했지만 결과적으로 사람들은 AT&T로 인해 더 많은 전화비를 지불했다. AT&T는 광고 효과를 톡톡히 본 셈이다.

사람들의 마음을 사로잡은 AT&T 광고의 특징은 아주 간결하면서도 군더더기가 하나도 없다는 점과 무엇보다 거짓이 전혀 사용되지 않았다는 점이다. 모두가 거짓을 추구하는 광고 세계에서 '거짓을 사용하지 않겠다'는 것은 엄청난 도전이었다. 역설적으로 보면 거짓말 세계에서의 최고 거짓말은 진실 그 자체이다.

이것이 소비자들에게 어필될 경우, 그 효과는 진짜 거짓말보다 더 크다. 앞서 《탈무드》가 허용한 거짓말도 비슷한 맥락이다. 결국 《탈무드》는 진실한 메시지야말로 가장 고차원적인 상술이라고 강조하고 있는 것이다.

결론적으로 지혜로운 거짓말의 핵심은 3가지다. 바로 물건이 아닌 기대를 팔라는 것, 상대의 선택을 100% 인정해주고 내 카드를 꺼내라는 것, 그리고 진실이 가장 효과적인 거짓말이라는 것이다. 이 3가지 거짓말을 기억해둔다면 언젠가 유용하게 쓸 수 있을 것이다.

스티브 잡스처럼 설득하라!

홍선영

마케팅 전략가, 기획자들이 최고로 꼽는 프레젠테이션의 귀재가 있다. 한 번의 프레젠테이션이 전 세계 UCC 사이트를 도배하고 책으로 출간되기까지 하는 인물. 바로 애플의 회장 스티브 잡스Steve Jobs다. 신제품이 출시될 때마다 최고의 프레젠테이션으로 화제를 일으키는 스티브 잡스, 고객을 설득하는 그만의 비결은 과연 무엇일까?

경험과 쇼, 그리고 공감

우선, 스티브 잡스는 청중에게 '경청의 시간'이 아닌 '경험의 시간'을 선물한다. 청중이 잊지 못할 순간을 연출하라는 것이다. 예를 들어, 아이폰iPhone을 소개할 때 그는 직접 구글 맵 기능으로 주변의 스타벅스 점포를 찾아 전화를 건 뒤 커피 수천 잔을 주문했다. 또 최근 맥북에어MacBook Air를 소개할 때는 서류 봉투에서 맥북을 꺼내는 모습으로 시작했다. 이런 사소한 행동만으로 제품이 얼마나 얇고 가볍게 만들어졌는지를 청중이 느낄 수 있게 한 것이다.

둘째로, 스티브 잡스는 '간단명료'하면서도 '극적으로' 한다. 아이팟 나노iPod nano 프레젠테이션에서 그는 아이팟 나노의 혁신적인 작은 크기를 강조하기 위해, 아이팟 미니를 비롯한 다양한 물건과 시각적으로 비교했다. 또한 아이폰 판매량이 400만 개라는 설명을 할 때에도 "하루 평균 2만 개꼴"이라고 덧붙임으로써 청중들이 이해하기 쉽게 표현했다.

스티브 잡스의 프레젠테이션을 본 사람들은 한 편의 쇼를 본 것 같다는 말을 많이 한다. 극적인 요소를 활용하기 때문이다. 설명이 계속되다가 청중들이 이제 끝났구나 생각하는 순간, 무대가 어두워지면서 잡스가 "One more thing!" 이란 말을 외친다. '뭐가 더 남은 거지?' 하며 사람들이 의아해하는 바로 그때, 잡스는 그날 프레젠테이션의 백미인 '최대의 뉴스'를 발표하고, 허를 찔린 사람들은 더욱 강력한 느낌을 받게 된다.

셋째로, 스티브 잡스는 고객들이 무엇을 얻게 되는지를

설득한다. 생산자와 판매자가 생각하는 제품의 기술적인 장점과 기능의 차별화를 강조하는 것이 아니라 고객들 입장에서 얻게 되는 이득이 무엇인지를 알려주고 설득하는 것이다. 잡스는 디지털 영화 대여 서비스 'iTunes Movie Rentals'을 소개할 때, 고객의 입장에서 음악과 영화를 비교했다. 그는 음악의 경우 보통은 소유하려고 하기 때문에 음악 대여 서비스 같은 것은 생각하고 있지 않다고 말하고, 반면 영화는 대부분 한 번 내지 두세 번 정도밖에 보지 않으므로 빌려보는 것이 더 이익이란 설명을 덧붙였다. 이렇게 제품을 만들게 된 동기와 고객들이 얻게 되는 편익을 위주로 설명하는 것이 청중들의 공감을 이끄는 비결이다.

치밀한 계산, 철저한 준비

넷째로, 스티브 잡스는 철저한 준비와 연습으로 프레젠테이션을 완성한다. 그가 사용하는 무대는 컴퓨터와 의자, 스크린만 있을 정도로 매우 간단하다. 의상도 검은 티셔츠와 청바지 차림이지만 이 모든 것에는 치밀한 계산이 깔려 있다.

그는 수많은 리허설을 통해 보폭부터 자신이 서는 위치, 스포트라이트의 각도까지 완벽하게 맞추고 연설 내용을 통째로 외운다고 한다. 또 정전이나 갑작스러운 건강 이상 등

일어날 수 있는 모든 경우의 수를 대비해 어떻게 대처해야 할지를 철저하게 준비한다고 한다.

우리는 프레젠테이션을 들을 때는 다 이해한 것 같다가도 발표 내용이 끝난 뒤에는 잘 생각나지 않는 경우를 종종 경험한다. 발표자가 자신의 아이디어를 청중의 머리에 넣기 위해 내용의 양을 조절하지 못하고 욕심을 부릴 때 그런 일이 발생하는 것이다.

제품도 프레젠테이션과 같다. 무엇인가를 잔뜩 포장하고 있지만 어떤 제품인지, 무엇을 위한 제품인지 분간하기 어려운 경우가 많다. 그래서는 고객을 설득할 수 없다. 스티브 잡스의 프레젠테이션 비법처럼, 고객이 얻는 가치 중심으로 핵심 메시지만을 간단명료하게 극적으로 소개해보는 건 어떨까.

마피아 리더십의 비밀

방태섭

마피아는 우리가 알고 있는 것보다 훨씬 어마어마한 조직이다. 이탈리아에서 마피아들이 벌어들인 매출은 2006년 한 해만 해도 자그마치 1,270억 달러에 달했다. 이 정도면 이탈리아 최대 정유회사인 ENI의 매출을 웃도는 수준이고, 자동차 회사 피아트^{Fiat}의 매출과 비교하면 2배나 된다. 이탈리아 전체 GDP의 7%에 해당하는 큰 액수인 셈이다. 월 이자가 10%를 넘는 마피아의 고리대금 때문에 입는 피해도 만만치 않다. 2004년부터 2006년까지 마피아와의 거래로 인해 16만 5,000개의 회사와 5만 개의 호텔이 파산했을 정도이다.[15]

이러한 자료를 통해 알 수 있듯 마피아의 활동 영역은 피조^{Pizzo} •, 사채, 카지노, 쓰레기 처리업까지 매우 광범위하다.

조직원들 대부분 범죄와 관련된 사람들로 구성된 만큼 이들의 활동 또한 비도덕적인 경우가 많다. 그런데 조직이란 관점에서 마피아를 보면, 이처럼 무시무시한 조직원들이 왜 보스에게만은 꼼짝 못하는지 의문이 생긴다. 도대체 마피아 보스는 어떻게 이 특수한 조직의 사람들을 사로잡는 것일까?

침묵하는 리더가 더 무섭다

2007년 11월 5일, 이탈리아의 모든 언론사가 발칵 뒤집힐 만한 특종이 보도되었다. 시칠리아 마피아 조직의 최고 두목인 살바토레 로 피콜로Salvatore Lo Piccolo가 경찰에 체포된 것이다. 1983년 살인죄로 종신형을·선고받은 이후 도주 상태에 있던 로 피콜로는 시칠리아 팔레르모Palermo에서 열린 조직회의에 참석하던 중 이탈리아 경찰들의 급습으로 체포되었다. 그가 체포됨에 따라 그동안 숨겨져왔던 조직의 속내가 베일을 벗고 속속 드러났다.

마피아 보스가 갖고 있는 리더십을 한마디로 말한다면 바로 '침묵'이다. 마피아에게는 조직의 비밀을 발설하면 안된다는 '오메르타Omerta'◆◆라는 철칙이 있다. 평소에 그 모습

◆ 현지인들에게 보호세 명목으로 받는 세금.

을 드러내지 않던 마피아 보스가 얼굴을 들 때는 바로 이 오메르타가 깨졌을 때이다. 누군가 입을 잘못 놀려서 조직의 정보가 밖으로 새나가면 보스는 그 당사자에게 돌이키기 힘든 벌을 내린다. 그리고 이 한 번의 벌은 모든 조직원들을 꼼짝 못하게 할 만큼 무서운 채찍이 된다.

모든 일에 사사건건 잘잘못을 따지는 리더는 두려움을 주지 못한다. 가장 두려움이 느껴지는 리더는 아무 말도 하지 않는 리더이다. 그 의중을 알 수가 없고 깊이도 헤아릴 수 없기 때문이다. 그래서 마피아 보스는 일상 속에서는 '침묵'으로, 벌을 내려야 하는 결정적 순간에는 단 한 번의 큰 호통으로 카리스마를 만들어내는 것이다.

명분, 그 일을 하지 않으면 안 되는 이유가 있어야 한다

마피아 대부는 어둡고 무시무시한 일, 때로는 아주 위험한 일들을 서슴없이 주도한다. 그런데 이 대부의 말과 행동을 가만히 관찰해보면 한 가지 중요한 점이 드러난다. 바로 명분이다. 그래서 대부는 어떠한 일에 대해 '그 일을 하지 않

•• 침묵의 맹세.

으면 안 되는 이유'와 '다른 사람이 아닌 내가 그 일을 이뤄
내야 하는 사명감'이 분명하고 이 명분을 조직원들에게 강력
히 심어준다. 이처럼 공포와 명분이 결합되다 보니 조직원들
은 보스에게 경외심을 갖고 따를 수밖에 없다.

전설적인 대부였던 비토 카시오 페로 Vito Cascio Ferro(1862~
1943년)는 조직원들에게 먼저 시민들을 도와주라는 엄명을
내렸다. 주 수익원이었던 피조가 지저분한 약탈금이 되지 않
도록 하기 위해서였다. 그는 이렇게 말했다.

"절대로 다른 사람에게 무리한 요구를 해서 그들을 망하
게 하지 마라. 대신 그들의 사업을 번창하게 해줘라. 그 대가
로 약간의 사례비를 받는 것이다. 이것은 마치 병을 깨지 않
고 우유의 크림만을 살짝 걷어내는 것과 같다."[16]

마피아 십계명

마지막으로 마피아는 자기관리가 철저하다. 로 피콜로가 경찰
에 잡혔을 때 그가 갖고 있던 서류에서 'Rights and Duties'
라는 제목의 마피아 십계명이 발견되었다. 이는 마피아 단원
들을 결집시키고 통제하기 위해 필요한 10가지의 필수 원칙
으로, 마피아 조직이 자기관리에 얼마나 철저한지를 여실히
보여준다.

마피아의 십계명 'Rights and Duties'

1. 동료에게 자신을 직접 소개하지 말고 제3자를 통해서 하라.
2. 동료의 아내를 넘보지 말라.
3. 경찰과 함께 있는 것이 보여선 안 된다.
4. 술집이나 클럽에 가지 말라.
5. 아내가 임신 중일지라도 조직의 부름에 언제든 응해야 한다.
6. 약속을 절대 어기지 말라.
7. 아내에게 존경심을 갖고 대하라.
8. 정보에 대한 질문에는 사실과 진실로 답하라.
9. 다른 조직의 돈을 빼앗지 말라.
10. 경찰 내에 친척이 있거나, 가족 내에 배반자가 있거나, 도덕적으로 행동하지 않으면 단원이 될 수 없다.

자료 : Revealed: Ten Commandments of the Mafia (2007. 11. 7). The Telegraph.

마피아 십계명에는 "술집이나 클럽에 가지 말라"와 같이 마피아에게는 왠지 어울리지 않는 내용도 있다. 하지만 "동료의 아내를 넘보지 말라", "진실하라", "도덕적이지 않으면 단원이 될 수 없다" 등 개인과 조직의 자기관리를 위해 평상시의 행동을 바르게 해야 한다는 내용은 그들의 가치관을 잘 드러낸다. 철저한 자기관리가 조직의 생명력을 더욱 높여준다는 것을 수십 년 역사 속에서 깨달은 결과다.

범죄조직에 불과한 마피아에게 배울 게 있겠느냐고 생각하는 사람들도 분명 있을 것이다. 그러나 속을 들여다보면 다른 곳에서는 배울 수 없는 교훈이 분명 있다. 그 어떤 조직보다 다루기 어려울 것 같은 조직, 마피아. 그 마피아의 보스는 '침묵의 힘', '명분' 그리고 '철저한 자기관리 원칙'으로 특수한 조직을 사로잡았다. 이 점만큼은 우리 비즈니스에서도 참고해볼 만하지 않을까.

지상에서
가장 완벽한 조직을
추구하는 FBI

방태섭

지구상에서 가장 미스터리한 조직이 있다. 누구나 알 만큼 유명하지만 정작 그 실체는 베일에 싸여 있는 특수조직, 바로 미국연방수사국, 곧 FBI^{Federal Bureau of Investigation}이다. FBI는 〈CSI〉와 같은 미국 드라마나 영화에 자주 나오는 단골손님으로, 보통 FBI의 등장과 함께 현장이 장악되거나 문제가 해결되는 경우가 많다. 그 위상이 대단해서 미국을 이끌어가는 실세는 국무부나 국방부가 아니라 FBI라는 말까지 나오기도 한다. 실제로 수많은 테러리스트를 검거하고 각종 스파이들을 색출해내는 데 일등공신으로 활약해온 FBI는 현재 100년이 넘는 역사를 가지고 있다.

　FBI는 1908년 미 법무부 검찰국으로 발족한 이후 1935년

명칭을 FBI로 바꿨다. 대공황기의 갱gang 소탕, 제2차 세계 대전 당시 미국 내 간첩죄 수사에 이어 냉전기의 소련 스파이 검거 등 미국 역사 속에서 일어난 굵직한 사건의 중심에는 항상 FBI가 있었다.

이 FBI의 역사에서 빼놓을 수 없는 인물이 바로 존 에드거 후버John Edgar Hoover이다. 1924년 29세의 젊은 나이에 FBI 국장이 된 후버는 1972년 77세로 세상을 떠날 때까지 무려 48년 동안 국장으로 재직하면서 대통령과 정치인들의 약점을 잡아 그들을 협박하고 조종한 것으로 악명이 높다. 그 덕분에 후버는 대통령이 8명이나 바뀌는 과정에서도 자리를 보전할 수 있었다. 48년 동안 FBI는 물론 미국 정치권까지 휘두른 그의 악랄한 행적에 얼마나 질렸던지 후버가 죽자 정치권은 FBI 국장의 임기를 10년으로 제한해버렸다. 옳고 그름은 차치하고라도, FBI를 대통령도 무서워하는 조직으로 키운 그의 막강한 리더십은 연구해볼 만한 가치가 있다.[17]

정보를 지배하면 사건을 지배할 수 있다

FBI는 명실 공히 세계 최고의 수사 기관이다. 귀신도 혀를 내두를 정도로 치밀하고 정확한 FBI 수사력의 비결은 바로

'완벽한 정보력'이다. FBI는 어떤 사람에 대해 완벽한 정보를 모두 확보한다면 그 사람과 사건을 지배할 수 있다는 사실을 가장 우선시한다. 이러한 전제가 있기 때문에 수사의 차원이 다를 수밖에 없다.

닉슨 대통령을 탄핵으로 몰고 간 워터게이트^{Watergate} 사건이나 클린턴 대통령의 성추문 사건, 미국 최대의 회계 부정 사건인 엔론^{Enron} 사태, 공화당의 실력자였던 톰 딜레이^{Thomas Dale DeLay} 의원의 불법 정치자금 수수 사건, 엘리엇 스피처^{Eliot Laurence Spitzer} 뉴욕 주지사의 성매매 사건 등은 모두 완벽한 정보 수집 덕분에 밝혀진 것들이다.

이러한 FBI의 정보 수집 능력은 100년 동안의 수사 과정에서 축적해놓은 데이터베이스가 있기에 가능한 것이다. 오랜 시간 동안 수많은 사건들을 접하고 해결하는 과정을 통해 사건들의 패턴과 경향을 파악함으로써 사건을 해결할 수 있는 노하우가 생긴 것이다. 이처럼 수많은 모범답안을 확보한 덕분에 FBI는 어떤 사건을 맡아도 빠르고 정확하게 정황을 파악한 뒤, 가장 효과적으로 문제를 해결할 정보를 얻어낼 수 있게 되었다.

FBI의 데이터베이스에는 모범답안뿐만 아니라 사건에 관여한 사람들, 도움을 준 사람들 등 수많은 인간관계가 상세히 기록되어 있다. "다섯 다리만 건너면 통한다^{six degrees of separation}"[18]는 인간관계 정보에서 FBI가 갖고 있는 데이터베이스는 미국 전 국민의 관계지도라고 해도 과언이 아닐 것이다. 이러한 관계지도는 어떤 사건을 만나도 이를 해결할 실마리를 제공해준다.

또한 FBI의 완벽한 정보는 네트워크에서 나온다. 정보를 얻을 수 있는 인프라를 살펴보면, 워싱턴 본부를 중심으로 해서 각 지역에 400여 개의 지부가 있고 해외에서도 미국 대사관 산하 60개 사무소가 상호 긴밀히 연결되어 있다. 특히 외부와 네트워킹하는 방식이 매우 뛰어난데, 바로 여기에 FBI만의 탁월함이 있다. 그들은 절대 군림하려 들지 않는다. 경찰과 FBI 간에 수사 경합이 벌어지는 경우에도 FBI는 권위를 내세워 수사권을 독점하거나 경찰을 지휘 감독하지 않는다. 단지 공동수사 형식을 취할 뿐이다.[19] 이러한 겸손한 태도는 경찰이나 민간인들로부터 핵심적인 정보를 얻는 데 매우 유리하게 작용한다. 어떤 사건이 발생했을 때, 모든 사람들이 정보원이 되다 보니 미국 전역에 감시망이 촘촘히 깔려 있는 셈이 되기 때문이다.

마지막으로 주목할 점은, FBI의 수사 과정이 철저하게 비밀에 부쳐진다는 점이다. FBI는 의회나 대통령의 간섭 없이 수사를 아무도 모르게 진행한다. 자신의 재능이나 명성을 드러내지 않고 참고 기다리다가 상황을 장악한다는 의미의 '도광양회韜光養晦'•라는 말이 있다. 보이지 않기 때문에 모든 곳을 섭렵할 수 있는 것일지도 모른다. 어디에나 있지만 정작 보이지는 않는 공기처럼 말이다.

100년이 지나도 그 공신력을 조금도 흐트러뜨리지 않고 있는 FBI의 파워를 한 단어로 압축한다면 '완벽'일 것이다. 역사상 위대한 업적을 낸 인물, 그리고 기업들을 살펴보면 '완벽'에 대해 지나칠 정도의 집착을 보여왔다는 공통점을 찾을 수 있다. 지금도 미국의 많은 청소년들은 FBI 수사관이 되는 것을 꿈꾸고 있다. 그들이 그것을 꿈꾸는 이유는 최고의 조직에서 '완벽'을 경험하길 원하기 때문일 것이다.

● 한자를 그대로 풀이하면 '칼날의 빛을 칼집에 감추고 어둠 속에서 힘을 기른다'는 뜻이다. 원래는 《삼국지연의》에서 유비가 조조의 식객으로 있으면서 자신의 재능을 숨기고 은밀히 힘을 기른 것을 뜻하는 말이었으나, 과거 덩샤오핑 시절 중국의 대외정책을 가리키는 표현으로 자주 인용된다.

• 창의성을 자극하는 참 쉬운 방법! • 오토바이에서 로봇까지! 혼다 창조력의 비밀 • 상상력 공장, 픽사의 '집단창의력' • 창조의 씨앗, 낙서경영 • 황금 트랙! F1의 흥행비결 • 도쿄의 얼굴이 된 모리 미술관의 남다른 생각 • 예술경영, '나오시마'처럼 하라! • 월마트와 맥도날드의 소프트한 차이 • 소프트 파워를 높이는 3대 전략 • 녹색성장 시대가 요구하는 새로운 리더 • 사회와 기업을 구하는 이름, 레드

제4장

창조와 공감이 정답이다

창의성을 자극하는 참 쉬운 방법!

김진성

요즘 들어 사무실의 환경을 바꾸는 기업이 늘고 있다. 소통에 벽이 되는 파티션을 없애고, 딱딱한 느낌의 회의실을 카페나 놀이터처럼 꾸미거나 회사 옥상을 하늘정원으로 단장하는 등의 방법으로 분위기를 전환하고자 애쓰고 있는 것이다.

기업들이 이처럼 업무 환경 설계에 관심을 쏟는 이유는 창의적인 아이디어를 유도하기 위해서다. 이미 구글이나 마이크로소프트와 같은 기업이 이러한 변화로 긍정적인 결과를 얻자 공간 자체를 창의적으로 바꾸는 것에 대한 관심이 더욱 높아졌다. 그렇다고 해서 무조건 따라할 수 있는 것만은 아니다. 비용에 대한 부담도 고려해야 하고 회사의 업태나 특성에 따라 그 효과가 달라질 수 있기 때문이다.

그렇다면 어떠한 공간이 창의성을 높이는 데 더 도움이 될까? 또 공간 자체를 바꾸는 것에 대한 부담을 최소화하면서 작은 변화와 자극만으로 구성원의 창의력을 이끌어낼 수 있는 방법은 없을까? 상황적, 맥락적 요인을 설계하는 방법으로, 이와 관련한 몇 가지 흥미로운 실험이 있다.

점화 효과를 아시나요?

첫 번째는 '점화 효과'를 이용하여 창의성을 자극하는 실험이다. 점화 효과란 먼저 접한 정보로 얻은 개념이 이후에 접하게 되는 정보를 해석할 때 영향을 주는 것을 의미한다. 예를 들어 냉커피를 주는 사람을 자신도 모르게 더 차갑고 냉정한 사람으로 평가한다거나, 집에 세제를 뿌려놓으면 더 깨끗하게 청소를 하게 되는 것이 바로 점화 효과에 해당한다.

독일 브레멘 국제대학Jacobs University Bremen의 저명한 심리학자 옌스 푀르스터Jens Förster는 점화 효과를 뒷받침해주는 재미있는 실험을 했다.[1] 그는 실험 참여자들을 둘로 나누어 한쪽에는 자유와 일탈의 상징인 펑크족을 떠올리게 하고 다른 한쪽에는 보수적이고 논리적인 공학자의 이미지를 제시했다. 이후 두 집단을 대상으로 창의력 테스트를 실시한 결과, 펑크족 이미지를 떠올렸던 사람들이 공학자를 떠올렸던 사람들보다 훨씬 높은 창의력을 보였다.

이처럼 바로 직전에 어떤 생각을 했느냐가 창의성에 영향에 미친다는 사실은 사무실의 휴식 공간을 어떻게 꾸밀지에 대한 힌트를 제공한다. 예컨대, 업무를 시작하기 전에 그림이나 영상을 보거나 주제에 대한 자유로운 대화를 나누는 것도 좋은 방법 중 하나이다.

초록색이 창의성을 부른다

두 번째로, 자연의 초록색을 배치하는 것도 좋은 방법 중 하나이다. 초록색이 창의성을 높이는 데 큰 효과가 있다는 사실은 여러 실험 결과를 통해 입증된 바 있다. 예컨대, 입원한 환자에게 창문 밖으로 나무를 보게 했을 때 회복된 비율이 훨씬 높았고, 교도소에 수감된 사람들에게 논밭이나 숲을 보게 했을 때 병에 덜 걸렸다는 연구 결과처럼 자연 환경은 창의성 개발과 밀접한 관계가 있다.[2]

한편, 텍사스 A&M 대학Texas A&M University의 로버트 울리치Robert Ulrich 교수는 꽃이나 식물이 있는 사무실에서 일하는 경우와 그렇지 못한 경우 실험 참여자들의 창의성에 어떤 차이가 있는지를 비교 연구했다.[3] 그 결과 남자의 경우 꽃이나 식물이 있는 사무실에서 아이디어 제안 건수가 15% 증가하고, 여자는 보다 다양하고 유연한 해결책을 내놓았다.

그렇다고 해서 사무실 곳곳에 식물만 놓을 수는 없는 노릇이다. 로체스터 대학University of Rochester의 앤드루 엘리엇Andrew Elliot 연구팀은 창의성과 색깔 사이의 관계를 연구하면서 초록색을 많이 노출시키는 것만으로 창의성을 자극할 수 있다는 사실을 밝혀냈다.[4] 이들의 연구에 의하면 빨간색은 '위험하다'는 느낌을 주는 반면, 초록색은 '긍정'이나 '평안함'을 느끼게 해주기 때문에 환경이 초록색으로 바뀔 경우 창의적 사고가 자극을 받게 된다.

천장이 높으면 창의성도 높아진다?!

마지막으로 창의력에 영향을 미치는 것은 천장의 높이다.

1955년 무렵 생명과학 분야의 세계적 권위자인 솔크 연구소Salk Institute의 조나스 솔크Jonas Salk 박사는 수년 동안 소아마비 백신을 연구하고 있었다. 도무지 해결책이 나오지 않자 몸과 마음이 지친 솔크 박사는 2주간 이탈리아로 여행을 떠난다. 그런데 여행 중 방문한 한 성당 안에서 불현듯 백신 개발을 위한 아이디어를 얻게 된다. 이를 계기로 솔크 박사는 '성당처럼 천장이 높은 곳에서 창의적인 아이디어가 나오

솔크 연구소 전경, 연구소의 심장을 흐르는 물줄기는 이곳을 대표하는 상징이다.
자료 : http://blog.naver.com/ipower7

는 것이 아닐까?'라는 생각을 하게 된다.

솔크 박사는 실제로 1965년, 솔크 연구소를 세우면서 모든 연구실의 천장 높이를 3미터로 높게 만들었다. 그의 판단은 적중했다. 현재 700여 명이 일하고 있는 이 작은 연구소는 지금까지 5명의 노벨상 수상자를 배출할 정도로 놀라운 성과를 이루어냈다.[5]

몇몇 신경과학자들과 경영학자들도 이와 관련한 실험을 한 바 있다. 미네소타 대학 경영학과의 조운 메이어스–레비 Joan Meyers-Levy 교수는 동료들과 함께 천장의 높이에 따라 사람들의 창의적인 문제해결력이 어떻게 달라지는지를 관찰했다.[6] 그 결과 천장의 높이가 2미터 40센티미터에서 2미터

70센티미터, 3미터로 높아지면서 사람들의 창의적인 문제해결력이 2배 이상 향상된다는 사실을 알아냈다.[7] 반면 천장의 높이가 낮으면 창의력보다 집중력이 더 발휘되었다.

한편, 창의성과 관련한 몇 가지 실험 결과를 보면서 한 가지 유의해야 할 점이 있다. 앞에서 예로 든 실험들은 '개인' 단위에서 이루어진 창의성 실험이라는 사실이다. 창의성을 증진시키고자 할 때는 그 대상의 단위가 개인인지, 팀인지에 따라 접근을 달리 해야 한다. 예를 들어, 광고 회사에서 일하는 사람들은 서로 부딪히면서 커뮤니케이션할 때 더 창의적인 아이디어가 나온다. 영국의 유명한 광고 회사인 HHCL은 이러한 성향을 적극 고려하여 서서 회의를 하거나 좁은 공간에 여러 사람이 일하도록 사무실을 설계했다.

조직에 창의성을 불어넣는 일은 거창한 노력을 들이지 않고도 의외로 작은 변화에서 시작될 수 있다. 화분 하나, 꽃 한 송이를 놓는 것만으로도 예상 밖의 큰 효과를 얻을 수 있다. 각자의 업무 환경을 돌아보고, 어떤 변화를 시도할 수 있을지 생각해보는 데서 이미 창의력은 싹을 틔운다.

오토바이에서 로봇까지! 혼다 창조력의 비밀

정태수

'혼다Honda'는 오토바이 제조업체로 출발해 자동차로 영역을 넓힌, 그리고 2000년에는 세계 최초의 인간형 로봇 아시모Asimo를 개발한 기업이다. 보통 기업들이 새로운 사업에 진출할 때 그 분야의 역량과 기술력을 가진 기업을 인수해서 신규 사업을 시작하는 경우가 많다. 그런데 혼다는 자체 기술력으로 수종樹種사업을 키워온 독특한 역사를 가지고 있다는 점에서 주목할 만하다. 혼다가 끊임없이 창조력을 발휘할 수 있는 비결은 무엇일까?

혼다 창의력의 3가지 결정요인

혼다가 새로운 업종으로 변신에 변신을 거듭할 수 있었던 첫 번째 결정요인은 '실패를 권장하는 회사 분위기'이다. 이는 창업자 혼다 쇼이치로本田宗一郎가 "실패를 하지 않는 사람은 위에서 시키는 대로만 하는 사람이다. 혼다는 그런 직원을 필요로 하지 않는다."라고 말한 것만 보아도 잘 알 수 있는 부분이다.

혼다는 실패를 용인하는 것을 넘어 오히려 장려함으로써 자칫 무모해 보이는 도전도 과감히 시도하는 기업문화를 만들었다. 이러한 문화를 토대로 탄생한 것이 바로 초소형 제트기인 '혼다제트Honda Jet'이다. 혼다제트는 날개 위에 엔진이 달렸는데, 애초에 항공업계 전문가들은 이런 구조로 만들 경우 공기저항이 커지기 때문에 불가능하다고 고개를 저었다. 하지만 혼다는 연비를 최대한 절감시킬 수 있는 구조라는 생각에 과감히 시도했다.

2006년 항공기 사업에 뛰어든 이래 '혼다제트'는 드디어 공기저항의 난관을 극복하고, 2010년 11월 미국에서 첫 비행 테스트를 실시할 것이라고 발표했다. 7~8인용으로 약 390만 달러(약 50억 원)로 가격이 책정된 혼다제트는 향후 혼다의 차세대 비즈니스 수익원으로 떠오르고 있다.

두 번째 결정요인은 새롭고 독창적인 기술을 향한 끝없

혼다에서 만든 초소형 제트기인 혼다제트.
자료 : http://world.honda.com

는 집념이다. 혼다는 경쟁자와 똑같은 기술로는 고객을 감동
시킬 수 없다는 것을 간파하고 독창적인 기술 확보에 온힘을
기울이고 있다. 혼다의 정확한 사명社名이 '혼다기술연구공
업주식회사本田技研工業株式會社'라는 것만 봐도 혼다가 얼마나
기술을 중시하는지 알 수 있다.

　창업자 이후 5명의 사장 모두가 이공계 출신에 기술연구
소 소장을 역임했다는 것도 흥미로운 사실이다. 혼다는 단기
간 내에 수익을 실현하기 어려운 기술이라 할지라도 자사가
추구하는 방향과 일치하면 과감하게 투자한다. 눈앞의 이익
에 집착하지 않는 과감한 투자는 때때로 예상 밖의 성과를
내기도 한다. 예를 들어, 아시모 로봇 개발 과정에서 확보한
사물인식 기술은 자동차에도 적용할 수 있어서 시너지 효과
를 낼 것으로 기대하고 있다.

　세 번째 결정요인은 바로 자유로운 의사소통이다. 상상
력과 창의력은 수평적이고 자유로운 인간관계 속에서 잘 발

휘되기 마련이다. 하지만 회사 규모가 클수록 정형화되고 경직된 의사결정 단계 때문에 창의성이 제약되는 경우가 비일비재하다. 이러한 폐단을 막기 위해 혼다는 자유로운 소통문화를 만드는 데 심혈을 기울여왔다.

혼다 본사의 사장실과 임원실은 직원들이 드나들기 쉽도록 건물 중앙인 10층에 위치하고 있다. 후쿠이 다케오福井威夫 전 사장의 경우에는 '사장님'이라는 호칭 대신 '후쿠이 상'이라고 부르게 하였고, 자유로운 분위기를 만들기 위해 스스로 경주용 자동차 및 오토바이 운전대를 잡기도 했다.[8]

또한 각 사무실과 공장에는 몇 사람이 모여서 사소한 문제라도 토론을 벌일 수 있는 공간을 반드시 갖추도록 해서 혼다 특유의 '와이가야 문화'를 정착시켰다. 와이가야는 "시끌벅적하게 떠든다"는 일본어 의성어 '와이와이가야가야'에서 유래된 말로, '불멸의 자동차'로 불리는 혼다의 시빅Civic도 이러한 와이가야 문화를 통해 개발되었다. 연구원들이 소속부서와 관계없이 어울려 자유롭게 의견을 나누는 가운데 아이디어들이 모여 최고의 제품으로 탄생한 것이다.

창조경영의 핵심은 '여유'

이와 같은 혼다의 사례는 최근 대두되고 있는 창조경영의 좋은 모델이다. 결국 창조경영의 핵심은 '여유^{slack}'에 있다고 해도 좋을 것이다. 혼다의 성공은 자금과 시간의 여유, 멀리 내다볼 수 있는 여유, 실패를 용인할 수 있는 여유를 갖고 있었기에 가능했다.

혼다의 쇼이치로 전 회장은 "원숭이가 나무에서 떨어졌을 때, 자만심과 방심에서 생긴 일이라면 용서할 수 없겠지만 새로운 방법을 시도하다 떨어진 것이라면 고귀한 경험으로서 장려할 만하다."라고 말한 적이 있다.[9] 새로운 창조를 꿈꾸는 사람이라면 혼다가 중요시한 '여유'에 주목해야 할 것이다.

상상력 공장, 픽사의 '집단창의력'

김상범

〈토이 스토리Toy Story〉, 〈몬스터 주식회사Monsters, Inc.〉, 〈라따뚜이Ratatouille〉, 〈월-EWall-E〉……. 모두 탄탄한 스토리와 정교한 애니메이션으로 흥행에 성공한 작품들이다. 이들이 태어난 곳은 바로, '픽사Pixer'이다. 상상력의 달인, 스티브 잡스가 설립한 픽사는 명실상부 세계 최고의 상상력 공장으로 불린다. 픽사에서 만드는 작품마다 흥행 대박 행진을 하자, 《월스트리트 저널》은 "도박 같은 영화 시장에서 이와 같은 100% 성공 행진은 전례가 없는 일"이라며 극찬한 바 있다.

픽사의 대박 행진 비결은 무엇일까? 픽사의 CEO 에드 캣멀Ed Catmull이 《하버드 비즈니스 리뷰》에서 밝힌 인터뷰 내용을 살펴보면 그 답을 얻을 수 있다.[10]

기술과 작품성은 줄탁동시 啐啄同時

픽사의 성공비결, 그 첫 번째는 바로 기술과 예술의 균형이다. 이러한 가치 추구는 화소를 의미하는 'Pixel'과 예술을 의미하는 'Art'가 결합된 'Pixar'라는 회사 이름에서부터 잘 드러난다.

실제로 픽사에서 만든 작품은 기술을 예술의 경지로까지 끌어올렸다는 평가를 받기도 한다. 예를 들어, 2008년 여름에 개봉한 〈월-E〉는 자연과 생명을 지구 위에 뿌리내리기 위한 '생명 잉태'를 주제로 다루면서, 다른 영화에서 표현된 로봇들과는 달리 아름답고 지적이며 과학적 상상력이 풍부한 로봇을 그려냈다. 특히 '모성애'가 담긴 '이브'라는 로봇은 생물학적 생산 능력을 상징하는 자궁과 비슷한 형상으로 표현되었는데, 로봇에 '생명 잉태'라는 의미를 부여했다는 점에서 탁월한 상상력의 발현으로 평가받을 만했다. 생명의 터를 닦고 청소하는 '노동하는 로봇' 월-E, 그리고 생명을 잉태하고자 하는 로봇 이브. 이 영화는 두 로봇의 관계를 통해 인간이 되고 싶어하지만, 결국 한계에 부딪힐 수밖에 없는 "테크놀로지의 이상과 한계"를 동시에 보여주었다.

〈토이 스토리〉를 만든 존 라세터 John Lasseter 감독은 예술과 기술의 관계를 설명하며 창의력의 중요성을 강조했다. 그는 영국의 한 신문과의 인터뷰에서 "예술은 기술을 변화시

영화 〈월-E〉(2008년)의 주인공 월-E(왼쪽)와 이브(오른쪽).

키고, 기술은 예술에 영감을 준다. 그렇기 때문에 과학자나 엔지니어도 작가만큼 창의력을 갖추고 있어야 한다."라고 말한 바 있다. 컴퓨터그래픽^{CG}을 만드는 기술도 중요하지만 관객들로부터 작품 자체에 대해 '훌륭하다'는 평가를 받아야 한다는 뜻이다.

뭉치면 살고 흩어지면 죽는다

픽사의 성공비결, 그 두 번째는 협력을 중시하는 '집단창의력'에 있다. 대부분의 영화사들은 자존심이 세고 개인주의적인 성향이 강한 편이다. 그러한 기류 속에서 역으로 '협동'을 강조하는 픽사는 할리우드 영화 제작사들에게 별종처럼 여겨진다. 실제로 픽사의 임직원들 사이에 불문율처럼 지켜지고 있는 것이 '뭉치면 살고 흩어지면 죽는다'는 생각이다.

이러한 픽사의 문화는 매일 진행되는 '리뷰 회의'에서 가장 잘 드러난다. 리뷰 회의에서는 완성되지 않은 애니메이션을 다른 부서의 사람들이 관람하고 자유롭게 자신의 의견을 제시한다. 이런 일은 다른 영화사에서는 보기 드문 광경이다. 보통의 경우 상품, 즉 영화가 출시되기 전에는 자료 유출에 대한 우려로 인해 사내에서도 철저하게 비밀을 유지하기 때문이다. 하지만 픽사는 데일리 리뷰 회의를 통해 부서 간의 장벽을 허물고, 각 분야의 전문가이자 또 다른 관객의 입장에서 아이디어를 모은다. 예측하지 못한 문제들이 종종 발생하는 애니메이션 제작 과정에서 이처럼 모든 전문가가 함께하는 리뷰 회의는 문제를 극복하는 데 큰 도움이 된다.

협동은 OK, 간섭은 NO

마지막으로, 픽사의 성공비결은 현장 실무자에 대한 권한 위임에 있다. 훌륭한 애니메이션은 결코 회사의 경영진이나 부서장의 탁상공론을 통해 만들어지지 않는다. 현장에 있는 창의적 인재들이 쏟아내는 수만 개의 아이디어가 합쳐져서 만들어지는 컨버전스 상품인 것이다. 그래서 픽사는 이러한 특성을 충분히 고려하여 협동을 중시하되 실무자에게 권한을 위임하는 시스템을 선택했다. 지위고하를 막론하고 자기의 업무에 관해서는 스스로 결정할 수 있도록 제도적으로 뒷받침하고자 한 것이다. 특히 팀장에게는 영화제작에 관한 전권을 부여하고, 어떤 경우에도 책임을 묻거나 절대로 간섭하지 않는다. 이는 수시로 외풍에 시달리는 다른 영화 제작사들과는 매우 대조적인 모습이다.

하지만 제작팀 내부 아이디어만으로는 도저히 해결할 수 없는 어려운 문제가 발생할 경우, 픽사는 경영진과 다른 부서의 팀장들이 포함된 '창의력 두뇌 위원회'를 개최한다. 이 회의를 통해 제작팀장은 함께 문제를 공유하고 해결책을 모색하게 되는데, 이 또한 강제적인 것은 절대 아니다. 두뇌 위원회의 조언은 강제성이 없는 선택사항에 불과하기 때문에, 제작팀은 언제라도 부담 없이 두뇌 위원회에 도움을 요청할 수 있다.

지금까지 살펴본 바와 같이 픽사가 흥행 대박 행진을 계속할 수 있었던 가장 큰 요인은, 모두가 하나되어 아이디어를 내는 '집단창의력'이라고 해도 과언이 아니다. 테레사 아마빌Teresa Amabile 하버드 경영대학원 교수는 "기업의 창의성은 어느 한 개인의 힘으로 얻을 수 있는 것이 아니다. 모두가 다양한 끼와 잠재력을 발산하고, 리더가 이를 경영 성과와 세심하게 연결할 때 달성할 수 있다."라고 말했다. 기업의 집단창의력을 높이고 싶다면, 픽사의 사례를 참고해보면 어떨까.

창조의 씨앗, 낙서경영

한일영

1960년 일본의 한 초등학교 3학년 학생들에게 매우 특이한 숙제가 주어졌다. 매일 당번을 정해서 창밖으로 보이는 후지산 꼭대기의 모습을 기록하는 것이었다. 학생들은 자신의 차례가 돌아오면 눈이 쌓여 있는 모습, 구름에 가려 산 정상이 보이지 않는 모습 등 후지산 꼭대기의 다양한 변화를 기록했다. 그리고 이 일지는 2000년까지 무려 40년간 하루도 빠짐없이 기록되었다.

더 놀라운 사실은 아이들이 만든 이 작은 기록이 일본 기상청에 매우 가치 있는 자료가 되었다는 점이다. 그들은 이 기록을 통해 후지산의 모습 변화를 통계화해 지구 온난화의 속도를 측정할 수도 있었다. 이처럼 단순한 기록일지라도 오랫동안 쌓일 경우 새로운 가치를 창출해낼 때가 있다. 이는 비즈니스에서도 마찬가지이다.

겔랑 가문의 보물 1호는 한 권의 노트

향수 하나로 5대째 부와 명예를 얻고 있는 겔랑^{Guerlain}도 여기에 해당한다. 겔랑은 1828년 파리 리볼리^{Rivoli} 가街에 오픈한 이후 5대째 가업을 이어오고 있다. 현 겔랑의 조향사 장 폴 겔랑^{Jean Pual Guerlain}은 무려 3,000여 개의 원료를 후각으로 구분할 수 있는 천재성을 가지고 있는 것으로 유명하다. 겔랑 가家가 이러한 천재적인 감각의 소유자를 배출해내는 데에는 이 가문에 오랫동안 전해 내려오는 향수 노트, 일명 '겔랑 노트'의 공이 절대적이다.

1대 프랑수아 파스칼 겔랑^{P. Francois Pascal Guerlain}이 처음 쓰기 시작해서 5대에 걸쳐 내려온 가문의 보물 1호인 이 노트에는 갖가지 향수를 만들기 위한 제조 비법과 다양한 아이디어, 실현하지 못한 향수 등 소소한 메모들로 가득하다고 한다.

장 폴 겔랑은 겔랑 노트를 통해 150년 전 할아버지가 만들었던 왕비의 향수 '임페리얼^{Imperiale}'을 비롯해, 생텍쥐페리^{Saint Exupery}의 소설에서 이름을 따온 '야간비행^{Voi de Nuit}'

등의 향수를 완벽하게 재현해낼 수 있었다고 한다.

기록이 기억을 지배한다

일본 기업에서도 이러한 예를 찾아볼 수 있다. 일본의 최대 철강기업 신일본제철新日本製鐵은 2007년부터 퇴직하는 '단카이團塊 세대' 사원들의 우수한 기술을 전 사원이 공유할 수 있도록 기록화하고 있다. 회사가 성장하는 데 견인차 역할을 한 단카이 세대가 대거 퇴직할 경우 사라지게 될 그들만의 노하우를 지키기 위한 조치였다.

신일본제철은 모든 사원들에게 대당 수만 엔에 이르는 전용 기기를 공급하고, 숙련된 노하우에 의존해온 조업 정보들을 상세히 기록하도록 하고 있다. 정보들을 체계적으로 데이터베이스화함으로써 일을 처음 배우는 후배들에게 노하우를 제대로 전승하기 위한 것이다. 이런 경우 낙서조차도 큰 위력을 발휘하곤 한다. 종이에 스케치를 하거나 화이트보드에 낙서를 하면서 복잡한 생각을 단순화하고 추상적인 사고를 현실적으로 구체화할 수 있기 때문이다.

'낙서경영'의 대표적인 사례로는 사우스웨스트 항공 Southwest Airline의 창업 이야기를 꼽을 수 있다. 1967년 텍사스에서 사업을 하고 있던 롤린 킹Rollin King은 그의 변호사인

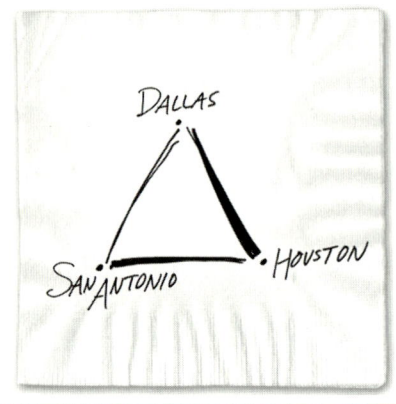

사우스웨스트 항공사의 본사 벽에
걸려 있는, 삼각형이 그려진 냅킨.

허브 켈러허Herb Kelleher와 레스토랑에서 저녁식사가 나오기를 기다리다가 냅킨에 낙서를 하며 서로의 꿈을 이야기하기 시작했다. 샌안토니오, 휴스턴, 댈러스, 이렇게 세 도시의 이름을 적고 삼각형 모양으로 연결하자 중요한 공통점이 찾아졌다. 이 도시들을 운항하는 대형 항공사들의 항공 요금이 비싸고, 시간을 잘 지키지 않아 소비자들의 불만이 높다는 사실이었다. 킹과 켈러허는 무심결에 그린 작은 삼각형 낙서 속에서 소비자를 공략할 수 있는 틈새시장을 발견했고, 1971년 사우스웨스트 항공을 창업했다. 미국 댈러스에 있는 사우스웨스트 항공의 본사 벽에는 아직도 삼각형이 그려진 이 냅킨이 걸려 있다고 한다.

최근 휴게실 벽에 자유롭게 낙서할 수 있는 공간을 만드는 기업들이 늘고 있다. 그러한 것을 보면 낙서가 창조 경영에 도움이 된다는 사실을 잘 알 수 있다.

이렇게 많은 기업들이 낙서나 메모 등을 활용하여 사고를 체계화하고 지식을 공유하기 위해 다양한 노력을 기울이는 추세다. 어떤 형태로든 기록을 남기는 작업은 귀찮기도 하고 시간이 들기도 한다. 하지만 장기적 관점에서는 작은 기록이 모이면 가치 있는 정보가 되고, 그 정보는 점차 기업의 중요한 자산이 된다.

기록은 기억을 지배하고 나아가 창조로 이어진다는 사실을 생각한다면 지금 우리의 기록 문화를 한번 점검해보는 것도 좋지 않을까. 낙서판도 좋고, 인트라넷의 게시판도 좋다. 우연한 낙서를 통해 창조경영의 아이디어가 발굴될지 누가 알겠는가.

황금 트랙! F1의 흥행비결

정태수

세계 3대 스포츠대회 가운데 2개는 우리에게 너무나 잘 알려진 올림픽과 월드컵이다. 나머지 하나는 과연 무엇일까? 바로 세계 최대의 자동차경주대회 'F1'이다.

F1의 공식 명칭은 'FIA Formula One World Championship'으로, 아직까지 국내에서는 그다지 대중화된 스포츠가 아니다. 하지만 해외에서는 월드컵에 버금가는 축제로 자리매김하고 있다. F1이 세계적인 축제가 된 데에는 나름의 흥행비결이 있다.

'F1', 즉 Formula 1에서 'Formula'는 1인승에 타이어가 자동차 몸 밖으로 나온 경주용 자동차를 뜻한다. 여기에 최고의 대회라는 의미에서 '1'이 붙는다. 보통 두 명의 레이서로 구성된 12개 팀이 1년 동안 세계 각국을 돌면서 모두 17~20라운드의 경기를 치른 뒤 전체 성적을 합산해서 챔피언을 결정한다. 전 세계적으로 F1 열기는 대단해서 한번 경기가 열릴 때마다 평균 관중이 20만 명에 달하고, 연간 관람객이 400만 명을 넘어선다. TV로 시청하는 사람들도 188개국에서 6억 명 이상 된다.[11] 무엇 때문에 수많은 나라의 사람들이 이 자동차 경주에 열광하는 것일까?

자존심이 걸리면 몰입한다

사실 사람들의 관심은 엎치락뒤치락하는 '자동차 경주'에만 국한되지 않는다. 이들을 열광케 하는 가장 핵심적인 요소는 바로 '자존심 대결'이다. 1위를 누가 차지하느냐의 여부에 따라 자동차 브랜드의 자존심이 좌우되기 때문이다. 예를 들어, 페라리 팀이 혼다 팀에게 질 경우 페라리의 엔진 기술력이 혼다에 비해 떨어진다는 이미지를 줄 수 있다는 것이다. 그래서 각 브랜드들은 최고의 기술을 위해 천문학적인 돈을 쏟아 붓는다. 오죽하면 "F1의 경주용 트랙은 황금으로 깔려 있다!"는 말이 나올 정도이다.

이 말은 자동차 가격만 봐도 실감이 난다. 고급 명차인 벤츠 마이바흐 62의 시중 가격이 8억여 원이라면 F1에 출전하는 자동차는 약 100억 원에 이른다.

레이서의 몸값도 천정부지이다. 실제로 해마다 최고 수익을 거둔 스포츠 스타 순위에는 여러 명의 F1 레이서가 포함된다.[12] 2008년 베스트 드라이버로 뽑혔으며 2010년 2위를 기록한 페르난도 알론소Fernando Alonso의 경우 연봉이 3,000만 유로(약 470억 원)에 달하는 것으로 알려져 있다.[13] 이 모든 것이 최고의 결과를 얻기 위한 최대의 투자인 셈이다.

사정이 이러하다 보니 경쟁과 관심의 수준이 남다를 수밖에 없다. 이 경기에 흘러들어오는 자본만 해도 상상을 초월한다. 100억 원에 이르는 F1 자동차 가격도 자동차에 붙는 스폰서에 비하면 미미한 수준이다.

F1 자동차의 차체에는 부위별로 스폰서가 붙는다. 운전석 광고는 400억 원에서 500억 원, 엔진 커버는 300억 원에서 400억 원에 이른다. 뒷날개에 붙이는 상표 하나에도 60억 원이 든다. 이런 식으로 아홉 군데 상표를 붙이면 스폰서 수입만으로 모두 1,500억 원을 챙기는 셈이 된다. 자동차 한 대당 이처럼 어마어마한 돈이 오고가는데, 12대의 자동차가 달릴 경우 전체 자동차 스폰서 비용은 한 경기에만 무려 1조 8,000억 원을 넘는다. 이처럼 기업들이 엄청난 투자를 해서 준비한 이벤트인 만큼 관객들도 넘쳐난다.

영국 프리미어리그의 경기당 입장료 수익은 80억 원 정도인데, 그에 비해 F1의 입장료 수익은 대략 2,000억 원으로, 프리미어리그의 25배에 이른다. 여기에 방송 중계권과 같은 부가 수익까지 합치면 그 규모는 어마어마해진다. 실제로 18라운드가 치러진 2007년만 해도 F1의 글로벌 매출이 39억 달러(약 4조 7,000억 원)에 이르는 것으로 발표되었다.[14]

새로운 세계를 선사하라

사람들이 F1에 열광하는 또 다른 이유는 F1 경기 자체가 매우 극적인 드라마이기 때문이다. 사람들은 경기를 통해 평소에 접할 수 없던 새로운 세계를 경험하게 된다. 몇 초 사이에 천국과 지옥을 오가는 숨 막히는 경기들! 언제나 위험이 도사리고 있는 첫 번째 커브! 역전에 역전을 거듭하며 예측할 수 없는 승부! 이처럼 손에 땀을 쥐게 하는 많은 장면들이 관객들을 숨 쉴 틈도 없을 정도로 몰입하게 한다.

더욱 극적인 장면은 자동차 안에서 펼쳐진다. 경기를 하다 보면 아스팔트와의 마찰 때문에 운전석의 온도가 55도까지 올라가고, 가속을 할 때면 실내 기압은 4~6G 정도에 이른다. 비행기 이륙 시 귀가 멍해질 때의 기압이 1G라고 하니 보통 사람들은 상상하기조차 힘든 극한 상황이다. 그래서 레이서들은 한 번 경기를 치르고 나면 체중이 보통 3~5킬로그램이나 빠진다고 한다.

경기를 하는 레이서는 두 명이지만 이들 뒤에 있는 엔지니어, 테크니션, 요리사 등 80여 명의 숨은 공로자들이 경기를 준비하기 위해 힘과 기술을 모으는 장면 또한 하나의 이야깃거리가 된다.

투자자를 감동시켜라

마지막으로, 관객뿐 아니라 투자자들에게도 최고의 경험을 선사하여 그들이 돈을 풀지 않을 수 없게 만든다. F1에는 '패독Paddock'이라는 비밀 사교클럽이 있는데, 여기서는 금요일부터 일요일까지 경기가 열리는 3일간 식사를 하고 편하게 관전할 수 있다.

패독은 단순한 VIP 클럽이 아니다. 세계 유수의 기업들이 자사의 VIP 고객을 초청하여 돈을 주고도 보지 못하는 최고의 관전 서비스를 제공해주는 것이다. 그래서 이곳은 F1 경기 차원을 넘어서 세계 자동차 사업 거래의 중요한 네트워킹 장소로 이용된다.

이 어마어마한 국제 경기가 한국에 상륙했다. 2010년 10월 22~24일 3일간 전남 영암에서 한국 최초의 F1국제자동차경주대회가 열린 것이다. 이로써 한국은 자동차 5대 강국 중

서울 태평로와 세종로
일대에서 열린 르노 F1
팀 시티 데모에서 르노
F1팀 머신이 도심을 질
주하고 있다.
ⓒ 연합뉴스

마지막으로 F1 개최국 대열에 진입했다. 국민체육진흥공단
체육과학연구소는 F1을 예정대로 2016년까지 7년간 개최할
경우 약 1조 8,000억 원의 생산유발 효과를 가져올 것으로
관측했다. 그뿐 아니라 1만 8,000여 명의 고용유발 효과도
내다보았다. 그러한 기대가 실현될 수 있을지는 아직 미지수
다. 한국은 이제 겨우 첫걸음을 내디뎠을 뿐이기 때문이다.

도쿄의 얼굴이 된 모리 미술관의 남다른 생각

하
송

뉴욕의 메트로폴리탄 미술관이나 파리의 루브르 미술관처럼 세계 대도시에는 저마다 도시의 얼굴과 같은 대표 미술관이 있다. 스페인 빌바오에 위치한 구겐하임 미술관은 도시 자체에 새로운 생명력을 불어넣은 미술관으로 유명하다. 또 일본 도쿄의 경우는 우에노 국립서양미술관이 대표로서의 자리를 차지해왔다.

그런데 최근 우에노 국립서양미술관을 누르고 새롭게 도쿄의 얼굴로 떠오르는 미술관이 있다. 바로 록본기 힐즈에 위치한 모리 미술관森美術館, Mori Art Museum이다.

2003년에 개관한 모리 미술관은 입장객 수가 2008년에 이미 150만 명을 넘어섰다.[15] 참고로 2008년 우에노 국립서양미술관의 관람객은 123만 명 수준이었다. 과연 문을 연 지 10년도 안 된 미술관이 140년 전통의 국립미술관을 앞서 도쿄의 랜드마크가 된 비결은 무엇일까?

공간과 시간에 대한 역발상

첫째, 모리 미술관은 '공간'과 '시간'에 대한 대담한 역발상을 실행했다.

모리 미술관이 위치한 모리타워는 2003년에 준공된 복합 공간으로, 유동인구만 해도 평일 5만 명, 주말 10만 명에 이르는 도쿄의 핫스팟이다.[16] 모리타워는 높이가 238미터에 달해 250미터의 도쿄타워 특별전망대와 비슷한 수준을 자랑한다.

모리타워의 소유자인 모리부동산은 이러한 상징적인 위치에 과감히 미술관을 운영하기로 결정했다. 도쿄 전역을 내려다볼 수 있는 공간에 미술관이 있다면 시내 전망과 미술작품을 동시에 볼 수 있고 도쿄타워보다 더 유명한 명소로 떠오를 수 있다는 생각이었다. 하지만 50층 이상 되는 미술관은 일반인들이 손쉽게 접근할 만한 위치가 아니었다. 그래서 모리 미술관은 아예 '천국과 가장 가까운 미술관'이라는 콘셉트로 접근했다.

모리 미술관이 있는 모리타워의
모습.
자료 : http://blog.naver.com/hdhekscp

　그와 함께 빌딩 주변에는 관람객의 흥미를 유발할 수 있
는 거대한 장치들을 설치했다. 예를 들어, 직경 9미터, 높이
10미터의 거대한 거미 조각상을 설치하는가 하면, 빌딩 벽
면이나 기둥에 전시작품 사진을 크게 붙여 노출도를 높였다.
이제 사람들은 도쿄에 오면 모리타워를 봐야 하고 모리 미술
관에 들러야 한다고 생각한다.

　모리 미술관의 또 다른 별칭은 '야간 미술관'이다. 5시면
문 닫을 준비를 하는 일반적인 미술관과 달리 모리 미술관은

수요일부터 일요일까지 5일 동안은 밤 10시까지 연장 운영한다. 바쁜 직장인과 시간이 촉박한 여행객들이 여유 있게 관람할 수 있도록 배려한 것이다. 이처럼 전혀 다른 공간과 시간으로 고객을 끌어들인 것이 모리 미술관의 경쟁력이 되었다.

관람객의 생각을 되묻는 눈높이 전략

둘째, 모리 미술관은 '신규 고객'을 유치하는 데 성공했다.

위치 이외에도 모리 미술관에는 또 다른 약점이 있었다. 보통 미술관의 주 수입원은 입장료이기 때문에 모네나 고흐처럼 지명도가 높은 대형전시를 기획할 수밖에 없다. 그러나 모리 미술관은 기존 미술관들과 달리 미술, 건축, 디자인, 사진 등 장르와 매체를 가리지 않고 모두 현대미술만 다루었다.

현대미술은 관객들이 어렵다는 선입견이 강해 전 세계적으로 흥행이 어렵다. 전문가의 설명을 들어도 머릿속에 잘 들어오지 않을 때가 많다. 그래서 모리 미술관은 '다른 접근법'을 생각해냈다.

모리 미술관은 좀 색다른 방식으로 작품을 설명한다. 가이드가 작가와 작품에 대한 교과서적인 정보를 알려주기보다 작품에 대해 순수한 자신의 생각을 말하고 관람객의 생각을 되묻는 방식이다. 모리 미술관에는 의류회사 사장에서부터 대학생, 신문기자 등 다양한 직업을 가진 일반인 가이드 28명이 포진하고 있다.[17]

미술관은 소수 애호가가 아니라 예술을 잘 모르더라도 관심 있는 일반인에 맞는 눈높이 전략을 수립해야 한다는 생각, 이것이 바로 모리 미술관의 성공요인이었다.

특별한 전시보다 특별한 사람들을 위한 전시

셋째, 모리 미술관은 미술 애호가가 아닌 이야기꾼을 만들었다.

모리 미술관은 택시회사에 직접 제안을 해서 택시운전사 14명을 초청하는 기획 프로그램을 열었다. 근무시간이 길고 심야와 주간으로 나뉘는 운전사들은 평소 미술을 접하기 힘들다. 그런데 이러한 특별 행사를 통해 그들은 미술관에 대한 신선한 충격과 깊은 인상을 받았다.

아마 그들은 돌아가 매일 수십 명씩 만나는, 다른 직업이나 다른 환경, 다른 취미의 사람들에게 모리 미술관을 자연스럽게 전했을 게 분명하다. 즉, 구전 마케팅의 구심점 역할을 하게 된 것이다.

지난 2007년과 2009년에는 시각장애인을 위한 프로그램도 준비했다. 비싼 조각품도 직접 손으로 만져 느낄 수 있게 하는가 하면, 가이드가 작품과 같은 표정을 지어 장애인이 직접 손을 대서 느낄 수 있게 배려했다. 기존 미술관이 특별한 전시를 기획했다면 모리 미술관은 특별한 사람들을 위한 프로그램을 만들고자 노력했다.

이제껏 미술관은 대부분 관장이나 기획자 개인의 관심사에 치중해 일반인의 흥미와 관심을 유발하는 데 실패하는 경우가 많았다. 이른바 '그들만의 예술'에 그친 것이다. 하지만 모리 미술관은 그 틀을 과감히 깨고 거리감 없고 부담 없는, 개방적인 미술관을 새롭게 창조해냈다.

우리 역시 개인의 관점에 매몰되어 소비자가 원하는 것을 놓치는 것은 없는지 생각해봐야 할 것이다.

예술경영,
'나오시마'처럼
하라!

주영민

인구 3,600여 명, 면적 약 8제곱킬로미터의 작은 섬, 게다가 젊은 층은 도시로 떠나고 노인들만 남은 시골 마을. 더 이상 미래를 꿈꾸기 어렵다고 느꼈던 이런 초라하고 작은 섬마을에 기적과 같은 일이 생겼다. 전 세계의 미술 애호가를 포함해 한 해 30여만 명의 관광객이 몰려드는가 하면, 주민 1인당 평균소득이 현縣내 지자체 중 1위를 기록한 것이다.

　이 놀라운 기적을 일궈낸 주인공은 바로 일본 나오시마이다. 나오시마는 여행전문지 《콩드 나스트 트래블러Conde Nast Traveler》가 선정한 '죽기 전에 가보고 싶은 7대 명소'에 뽑힐 정도로 세계적인 주목을 받고 있는 곳이다.[18] 이 작은 섬이 어떻게 국제적인 명소로 탈바꿈할 수 있었을까?

낙후된 섬마을에 기적을 일으킨 베네세

나오시마 변신의 일등 공신은 바로 일본의 출판 교육 기업인 베네세^{Benesse} 그룹을 이끌고 있는 후쿠다케 소이치로^{福武總一}^{郞} 회장이다. 그는 버려진 섬을 예술의 섬으로 변화시키는 나오시마 프로젝트를 19년 동안 꾸준하게 이어오고 있다.

1986년 베네세 그룹 회장으로 취임한 후쿠다케 소이치로 는 "저출산, 고령화에 대비하지 않으면 어떤 기업도 몰락할 수밖에 없다"는 점을 강조했다. 이에 따라 과거 청소년 교육 출판이 중심이었던 사업 영역을 '태아 → 아동 → 청소년 → 중장년 → 노년'에 이르는, 다시 말해 한 사람의 전 생애를 포괄하는 교육, 복지 분야로 확장했다. 엄마 뱃속에서부터 베네세 그룹이 제공한 임부용 서비스를 접하고, 학창 시절에 는 베네세가 출판한 교재와 참고서를 보며 공부하고, 사회로 진출할 때는 청년용 취업 정보에 의존하고, 세상을 떠날 때 도 베네세 노인복지 사업을 통해 간호를 받는 식으로 평생을 베네세 그룹과 함께한다는 전략을 세운 것이다.

후쿠다케 회장은 여기에 머물지 않고 존경받고 사랑받는 기업으로 나아갈 것을 강조하며 "전 세계적으로 베네세 그룹의 팬 집단을 만들자"고 말하기까지 했다. 그는 존경받는 기업이 되기 위해서는 우수한 제품과 서비스를 제공하는 것 뿐만 아니라 고객들에게 최고의 만족을 주어야 한다고 생각

나오시마 섬을 걷다가 만날 수 있는 구사마 야요이의 설치작품 '빨간 호박'.
자료: 한국메세나협의회

했다. 그리고 문화예술 후원활동으로 사회에 공헌하는 것이 야말로 존경받는 기업을 만드는 지름길이라 확신했다.[19] 이런 맥락에서 시작된 것이 바로 나오시마 프로젝트였다.

1987년 후쿠다케 회장은 나오시마 섬 토지의 절반 정도를 10억 엔에 사들인 후 세계적인 건축가 안도 다다오安藤忠雄와 협력해 낙후된 섬을 변화시키는 작업에 착수했다.

나오시마 프로젝트의 첫 번째 성과는 1992년 미술관이자 호텔인 '베네세 하우스Benesse House'를 오픈한 것이다. 이후 섬 곳곳에 일본 설치미술가 구사마 야요이草間彌生, 프랑스 여류 조각가 니키 드 생팔Niki de Saint-Phalle 등의 조각을 전시하는 시사이드 파크Seaside Park를 만들고, 버려진 집을 '아트 하우스Art House'라는 예술가들의 작업 공간이자 전시장으로 꾸몄다. 그 이후로 2004년 건물 전체를 친환경적으로 만든 땅속 미술관인 지추地中 미술관을 설립하고,[20] 2010년에는 일본과 유럽에서 활동하고 있는 이우환 작가의 이름을 딴 '이우환미술관'을 개관하는 등 지금도 후속 계획들이 진행되고 있는 중이다.

그러나 나오시마 프로젝트가 처음부터 잘 진행된 것은 결코 아니었다. 사업 초기에는 프로젝트가 '베네세 하우스'라는 한정된 장소에서 전개되었기 때문에 나오시마 주민들과의 접촉점이 없었다. 그래서 초창기에는 이 프로젝트 자체를 냉소적으로 보는 주민들이 많아 호응을 얻어내기가 쉽지 않았다.

그러던 주민들의 마음이 변하기 시작한 것은 1997년 아트 하우스 프로젝트가 시작되면서부터였다. 아티스트들은 지역 안에 오래되고 버려져 있던 집들을 혼신의 힘을 다해 예술 작품으로 탈바꿈시켰다. 그뿐 아니라 목욕탕을 미술 작품이 가득한 예술 공간으로 조성한 'I♥湯(아이 러브 유*) 프로젝트'와 같이 일상생활의 공간 속에 예술 작품을 녹여내어 주민들은 물론 관광객들이 자연스럽게 예술 작품을 감상할 수 있도록 만들었다.

이처럼 마을이 변하고, 지역 이미지가 바뀌자 서서히 주

• '유'는 온천, 목욕탕 등을 의미하는 '湯'의 일본어 발음.

민들도 이 프로젝트에 참여하기 시작했다. 최근에는 마을 곳곳에 있는 아트 하우스 안내를 주민들이 자원봉사로 나서서 할 정도이다.[21]

예술을 통해 존경받는 기업으로

그렇다면 나오시마 프로젝트를 통해 베네세 그룹이 얻은 성과는 무엇일까? 이 프로젝트는 정부나 기타 다른 단체로부터 지원금이나 운영 보조금 등을 일절 받지 않고, 오직 베네세 그룹의 100% 출자 자회사인 '주식회사 나오시마문화촌'에 의해 운영되고 있다. 호텔 사업은 비즈니스로서 성립이 되지만 예술 사업에서는 수익이 나지 않기 때문에 그만큼의 운영 자금을 베네세가 제공하고 있다.

이렇게 수익이 나지 않는 사업을 베네세가 실시하고 있는 이유는 바로 문화예술에 대한 지원을 통해 기업이 이익을 사회에 환원하는 메세나^{mecenat} 활동을 하기 위해서이다. 실제로 나오시마에서의 활동은 2006년 기업메세나협의회의 메세나 대상을 수상하는 등 높은 평가를 받고 있다.[22]

아울러 사회적 공헌 활동은 기업 이미지를 높여준다는 일석이조의 효과가 있다. 베네세 그룹은 이 프로젝트를 통해 베네세 그룹의 팬들을 확보함으로써 세계적인 불황에도 불

구하고 2007년, 2008년 2년 연속 연 매출이 7% 이상 증가하는 성과를 얻을 수 있었다.[23]

쇠락해가던 섬마을을 예술의 섬으로 변화시킨 후쿠다케 소이치로 회장, 기업경영에서도 예술의 중요성을 강조하는 그는 한 예로 임원 면접을 나오시마에서 예술 작품을 보며 이야기를 나누는 것으로 실시한다고 한다. 그 사람이 예술적 소양을 가지고 있는지를 알아보기 위함이다.

"예술을 모르는 인재는 성과가 1위라고 해도 필요가 없다. 21세기엔 좋은 기업, 매력적인 기업만 살아남는다. 이러한 기업을 만드는 것은 결국 미술, 나아가 예술을 즐길 줄 아는 창의적이고 여유로운 인재다."[24]

후쿠다케 소이치로 회장의 말이다. 예술을 통해 자신의 팬 집단을 늘려가고 있는 베네세 그룹. 예술을 통해 존경받고 사랑받는 기업으로 거듭날 수 있음을 보여준 대표적 기업이다.

월마트와 맥도날드의 소프트한 차이

한창수

오바마 대통령이 취임할 무렵 미국 하버드 대학 국제정치학과의 조지프 나이Joseph S. Nye Jr. 교수는 미국의 세계 전략 기조가 하드 파워hard power에서 소프트 파워soft power로 전환되어야 한다고 주장했다. 그리고 그의 주장은 국무장관으로 취임한 힐러리 클린턴에 의해 전폭적으로 수용되어 최근 미국은 기존의 하드 파워 전략에 소프트 파워를 가미한 새로운 세계 전략을 실천해가고 있는 중이다.

조지프 나이 교수가 언급한 소프트 파워란 경제적, 군사적 힘과 같은 하드 파워와 대비되는 개념으로, 강제력보다는 매력attraction을 통해, 명령이 아닌 자발적 동의에 의해 얻어지는 능력을 일컫는다. 그가 소프트 파워를 제시하게 된 것은, 하드 파워를 통해 국제적 패권을 유지하고자 했던 부시 정부의 노력이 드러낸 한계 때문이었다. 21세기는 더 이상 부국강병을 토대로 한 하드 파워, 곧 경성硬性 국가의 시대가 아니라, 문화를 토대로 한 소프트 파워, 곧 연성軟性 국가의 시대이다.

이제 기업에게 필요한 것은 매력과 설득력

이러한 추세는 기업경영 분야에서도 예외가 아니다. 최근에는 기업경영에서도 소프트 파워의 중요성이 부각되고 있다. 경영에 있어서 소프트 파워란 기업과 연관된 다양한 이해관계자를 자신의 편으로 끌어들이는 능력을 의미한다. 경영의 하드 파워가 제품·서비스를 통해 시장지배력을 강화하는 경쟁력을 의미한다면, 소프트 파워는 확고한 기업 이미지와 신뢰를 기반으로 다양한 기업 이해관계자와의 공동 번영을 지향한다.

오늘날 소프트 파워가 중시되는 배경은 무엇일까? 우리 주변을 둘러보면 하드적인 힘으로 할 수 있는 일이 점점 줄어들고 있다는 사실을 잘 알 수 있다. 조직에서 부하들을 통솔하거나, 가정에서 아이를 키우고 교육하는 일에서도 더 이상 강제적인 힘이나 명령, 권위만 가지고는 효과를 거두기 어렵다. 특히 지식기반 사회에서 임직원의 능력을 최고로 발휘될 수 있게 하기 위해서는 그들의 자발적인 노력과 참여를 이끌어내는 것이 필수적이다.

과거, 임직원의 팔다리를 통해 이루어지는 노동력을 활용하던 시절에는 하드 파워가 유용했다. 그러나 지식, 창의력, 아이디어를 활용하는 데 있어서는 임직원 스스로의 자발성이 전제되지 않으면 안 된다. 사회, 고객, 종업원의 이러한 변화에 맞추어 기업의 소프트 파워는 날이 갈수록 중요해지고 있다. 소프트 파워란 그들로부터 자발적 참여를 이끌어내는 힘이기 때문이다.

월마트와 맥도날드의 차이는 무엇이었나?

경영의 지속가능성 측면에서 볼 때 기업의 소프트 파워는 더욱 강조될 수밖에 없다. 경쟁력이 강하다고 해서 장기간 생존하는, 이른바 '지속가능 기업'이 되는 것은 아니다. 예를 들어, 월마트Walmart는 세계 최고 수준의 소매 경쟁력을 지니고 있고, 지금까지 수많은 일자리를 창출해왔다. 그뿐만 아니라 고객에게는 값싸고 질 좋은 제품을 제공한다는 자부심이 높은 기업이다. 그러나 지난 2004년 월마트는 임직원의 임금을 착취하고 공급업체를 쥐어짜서 이윤을 취하는 회사로 대외적인 이미지가 추락함과 동시에 '빈부격차를 일으키는 주범'이라는 사회적인 비난까지 받았다. 결국 전미교원노조 등을 중심으로 한 전국적인 불매운동이 일어나 월마트는 창업 이래 가장 혹독한 홍역을 치러야 했다. 이러한 일들은 경쟁력이 강한 기업이라고 해서 피해갈 수 있는 것이 아니다.

한편, 1992년 LA 중남부에서 흑인 폭동이 일어났을 때 맥도날드는 지역 사회의 좋은 평판 덕분에 아무런 피해를 입지 않은 것으로 주목받았다. 당시 맥도날드는 지역사회 발전과 취업 기회 개발을 위해 꾸준히 노력하고 있던 중이었기 때문에 맥도날드에 대한 지역사회의 평가는 상당히 긍정적이었다. 그 결과 주변 모든 지역이 폭도들에 의해 엄청난 약탈이 이뤄지고 파괴되었음에도 불구하고, 30개의 맥도날드 매장은 아무런 피해를 입지 않았다.

한국 기업과 소프트 파워

소프트 파워의 측면에서 현재 한국 기업은 매우 취약한 실정이다. 제품, 서비스의 경쟁력은 세계적인 수준이라고 할 수 있을 만큼 향상되었지만 이해관계자로부터 진정으로 사랑받고 매력 있는 기업이 되었느냐의 측면에서 보면 거의 불모

지나 다름없다.

실제 2008년 대한상공회의소와 영국의 지속가능경영 컨설팅 회사인 Sd3가 공동 조사한 결과에 따르면, 국내 30대 대기업의 지속가능경영 수준은 《포천》지 선정 100대 기업 대비 59%에 불과한 것으로 나타났다.[25] 특히 중소기업의 소프트 파워는 훨씬 더 취약하다. 중소기업청이 2008년 10~12월간 230개 중소기업을 대상으로 CSR 이행과 관련해 실시한 실태조사에 따르면, 소프트 파워의 한 축을 이루는 CSRCorporate Social Responsibility, 즉 기업의 사회적 책임 활동이라는 개념을 들어보았거나 알고 있는 경영자가 75%에 지나지 않는 것으로 나타났다. 더욱이 사회적 책임 활동을 실천하는 기업은 40%에 불과했다.

한국 기업의 낮은 소프트 파워는 국내의 높은 반기업정서와 맞물리면서 조그마한 사건·사고나 스캔들로도 심각한 위기를 맞이할 수 있는 상황을 초래하고 있다.

기업경영에서도 소프트 파워의 시대는 이미 도래했다. 비록 현재 한국 기업의 상황은 열악하지만 뒤집어 생각하면, 이 부분은 향후 새로운 블루오션이 될 수도 있다. 이제 시장 경쟁에서의 우위만으로 글로벌 일류 기업이 될 수 있었던 시대는 지나가고 있다. 소비의 중심점도 제품 품질에서 기업의 품격으로 바뀌고 있다. '마케팅의 아버지'라 불리는 세계적인 마케팅 대가 필립 코틀러^{Philip Kotler}는 "기업이 사회참여 사업을 열심히 하는 모습이 소비자들의 마음을 끌어당기는 중요한 요인이 되고 있다."라고 말한 바 있다.

소프트 파워의 확보를 위해서 가장 중요한 것은 CEO의 '실천'이다. 소프트 파워는 어느 한 부문의 노력만으로 가능한 것이 아니기 때문이다. 통합적, 전략적, 전사적인 소프트 파워 역량 키우기에 힘을 집중해야 할 때이다.

소프트 파워를 높이는 3대 전략

한창수

소프트 파워 시대가 다가오고 있다. 이 말은 시장경쟁에서 우위를 차지한 것만으로는 지속적인 성장을 보장받을 수 없는 시대가 도래하고 있다는 뜻이기도 하다. 앞으로는 시장경쟁뿐 아니라 비시장경쟁non-market competition도 그 못지않게 중요해질 것이다. 그래서 기업들은 시장뿐 아니라 시장 이외의 영역에서도 치열한 경쟁을 치르는 일이 불가피하게 되었다. 그 결과 앞으로는 '사랑받는 기업 순위'나 '존경받는 기업 순위'도 경쟁력 순위만큼이나 중요한 위치를 차지하게 될 전망이다.

미국에는 기업의 경쟁력뿐 아니라 기업이 주변 사회로부터 받는 사랑과 존경까지 포함시켜 기업의 지속성장 가능성을 측정한 '다우 존스 서스테이너빌러티 인덱스^{DJSI:} Dow Jones Sustainability Index'라는 것이 있다. DJSI 지표는 단순히 명목상의 존재로 그치는 것이 아니라 투자를 결정짓는 요인으로 작용하기도 한다. 즉, 일부 펀드는 이 지표에 근거해서 투자대상 기업을 결정하고 있다.

DJSI는 2009년 10월 우리나라에도 도입되어 국내 시가총액 200대 기업을 대상으로 평가를 실시한 결과 41개 기업이 DJSI 코리아 지수에 편입되었다. 그러나 대부분의 국내 기업들은 이러한 일들이 갖는 의미를 제대로 파악하지 못하는 듯하다. 소프트 파워의 중요성을 충분히 이해하지 못하고 있기 때문이다.

소프트 파워란 기업이 지속가능한 성장을 달성할 수 있도록 하는 힘이다. 그렇다면 이러한 소프트 파워는 무엇으로 구성되어 있을까? 경영에서의 소프트 파워는 기업의 사회적 책임 완수^{CSR}, 사회적 이슈의 선점, 그리고 사회적 공감대 형성이라는 3가지 요소로 구성된다.

일방적 퍼주기 대신 전략적 CSR이 필요

먼저, 소프트 파워를 구성하는 중요한 한 요소는 기업이 사회적 책임을 완수하는 것, 즉 CSR^{Corporate Social Responsibility}이다. 이것은 기업의 선택사항이라기보다는 사회의 구성원으로서 당연히 해야 할 의무이자 책임을 말한다.

1950년대 이후 오랜 기간 많은 기업들이 다양한 형태의 CSR 활동을 수행해왔지만, 전략적 CSR의 개념을 생각하게 된 계기가 된 것은 1989년도 발생한 유조선 엑손 발데즈Exxon Valdez의 기름 유출 사고였다. 당시 엑손은 아동 교육, 도서관 설립 등에 막대한 CSR 비용을 지출하고 있었지만 정작 기름 유출 사고가 터지자 환경전문가를 비롯한 이해관계자의 지원을 전혀 받을 수가 없었다. 이 사건을 계기로 엑손을 비롯한 기업들은 CSR 활동 자체도 중요하지만 CSR 활동이 자사의 주된 사업 분야와 연관되는 것이 바람직하다는 교훈을 얻었다. 즉, CSR은 사회에 일방적으로 퍼주기만 하는 것이 아니라 자사의 시장 포지션을 기반으로 보다 전략적인 관점에서 수행되어야 한다는 사실을 깨달은 것이다.

기업이 세상을 바꿀 수 있을까?

둘째, '사회적 이슈의 선점'이란 기업이 사회적 책임을 다하는 정도가 아니라 사회적 이슈에 적극적으로 참여하고 새로운 사회 어젠다를 창출하는 선도적 활동을 수행하는 것을 의미한다.

기업은 사회와 세상을 바꿀 수 있다. 사회의 변화가 꼭 정치 혁명으로만 이루어지는 것은 아니다. 스타벅스의 경우, 커피 자체를 하나의 문화로 탄생시키지 않았는가. 〈태양의 서커스〉도 서커스에 다양한 예술 분야를 가미하여 새로운 엔터테인먼트 문화를 창조해냈다. 구글도 마찬가지이다. 구글은 '사악하지 않아도 돈은 벌 수 있다'는 사업 모토를 갖고 있다. 그래서 상업적 이익에 매달리던 기존의 포털, 검색 엔진 기업과 달리 이용자에게 실질적으로 도움이 되는 검색 엔진을 구축했다. 또한 텍스트 위주의 검색을 넘어 동영상, 지도, 위성사진 등을 포함한 다양한 지식·정보를 제공함으로써 인터넷 검색을 입체화했다. 이러한 기업들의 제품과 서비스를 구입하는 소비자는 자신도 세상을 바꾸는 일에 동참한다는 자부심을 느끼게 된다.

사회적 소통은 최후의 안전판

셋째, '사회적 공감대 형성'이란 이해관계자들과의 소통을 의미한다.

　소프트 파워는 기업의 이해관계자 및 사회적 공감대 속에서 발휘되는 만큼, 사회적 공감대를 형성하는 과정에서 가장 중요한 것은 소통이다. 원활한 소통은 소프트 파워의 효율과 효과를 극대화할 뿐만 아니라 돌발적인 위기가 발생했을 때 파국으로 치닫는 것을 막아주는 안전판이 되기도 한다.

소통에서 가장 핵심적인 사항은 경청, 협력 관계, 즉 파트너십partnership의 구축, 효과적인 쌍방향 소통 경로 확립 등이다. 이를 위해서는 무엇보다 이해관계자 및 전문가의 허심탄회한 견해를 들을 수 있는 VOS Voice of Stakeholders가 중요하다. 이제까지 기업들이 고객의 소리, 즉 VOC Voice of Customer를 듣고자 애써왔다면 이해관계자 및 전문가의 소리, 즉 'Voice of Stakeholders'에도 주력해야 한다는 것이다. 스타벅스는 경영 의사결정에 외부 명사나 소규모 커피 재배 농가를 참여시키고 있으며, 글락소스미스클라인GlaxoSmithkline Plc.은 해마다 이해관계자들과 워크숍을 열어 그들의 의견에 귀 기울이고 있다.

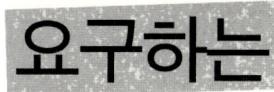

녹색성장 시대가 요구하는 새로운 리더

도건우

기업에는 최고경영자[CEO], 최고재무책임자[CFO], 최고정보책임자[CIO] 그리고 최고전략책임자[CSO]가 존재한다. 그런데 최근 부상하는 또 다른 책임자가 있다. 바로 환경이 기업경영의 화두가 되면서 떠오르고 있는 CGO[Chief Green Officer], 곧 '최고환경책임자'이다.

이미 몇 년 전부터 GE, 듀폰[Dupont], 히타치[Hitachi]와 같은 세계적인 기업들은 환경 문제에 적극적으로 대응하고, 환경을 이용해 새로운 수익기회를 만들고자 최고환경책임자를 임명했다. 듀폰의 경우 Chief Sustainability Officer로, 히타치는 Chief Environmental Strategy Officer로 부르지만 일반적으로 CGO로 통용된다.

최고환경책임자, 무엇을 할까

~

CGO의 업무는 크게 3가지로 나눌 수 있다.

첫째, 환경 규제에 대한 기업 차원의 대응 업무이다. 화석에너지 사용량 감축, 에너지 효율 향상, 온실가스 배출량 감축 등의 활동을 주로 담당한다.

둘째, 환경 문제와 관련된 기업의 이해관계자들에 대한 조정 업무이다. 주주, 고객, 협력업체와 같은, 기업의 직접적인 이해관계자는 물론, 정부나 NGO 등과 환경 문제에 대해 협의하고, 이해관계를 조정하는 역할을 맡는다.

셋째, 최근 주목받고 있는 환경 분야에서 새로운 사업기회를 선점하여 새로운 수익기회를 창출하는 업무이다. 예컨대 신재생에너지 사업, 탄소배출권 거래 사업, 환경과 관련된 금융상품 등 새로운 사업영역을 찾는다.

그렇다면 이들은 각 기업에서 구체적으로 어떤 활약을 하고 있을까?

히타치의 경우, 2007년 12월 핫초지 다카시八丁地隆 히타치 종합계획연구소 사장을 최고환경책임자로 임명했다. 1970년에 입사해 그룹의 기획실장과 종합계획연구소 사장을 역임한 중량급 전략통이다. 그의 업무는 히타치의 전략목표인 '환경비전 2025'와 일맥상통한다.

2007년도에 히타치는 기존의 '환경비전 2015'를 확대 발전시켜 '환경비전 2025'를 발표했다. 그 주요 내용을 살펴보면 재료, 서비스 등 모든 측면에서 환경 효율을 추구하고, 전 제품을 환경보호에 적합한 제품으로 전환하겠다는 것이다. 또 2025년까지 환경 적합 제품의 매출을 2007년의 2배로 늘리고, 그룹 기술력을 활용해 모든 제품의 에너지 효율을 향상시키겠다는 목표를 수립했다. 그리고 여기엔 2025년까지 전 세계 히타치 사업장의 이산화탄소 배출량을 1억 톤 이하로 억제하겠다는 계획도 포함되어 있다.[26]

이와 관련해 일본 자원에너지청은 2009년 4월부터 일정 규모 이상의 에너지 이용 기업에 대해서 '에너지관리총괄자 CGO'를 의무적으로 선임하도록 에너지 절약법을 개정했다. 이러한 제도의 변화는 준비된 히타치에게 무척이나 반가운 소식이었다.

듀폰의 경우, CGO의 존재는 더욱 특별하다. 듀폰은 오존층 파괴의 원인이 되는 프레온가스를 개발한 회사로, 소비자들에게는 대표적인 환경파괴 기업이라는 이미지로 각인되어 있었다. 그만큼 환경단체나 소비자들로부터 받는 비난도 거셌다.

이에 듀폰은 2004년 미국 환경청 차장을 역임한 린다 피셔Linda Fisher 변호사를 CGO로 영입해 다양한 환경보호 프로그램을 추진하면서 친환경 기업으로의 변신을 꾀했다. 듀폰은 전 생산 과정에서 환경을 지키겠다는 협약을 환경단체와

체결했고, M&A를 추진하는 과정에서 인수대상 사업이 지속 가능한 사업이 아니라는 이유로 거부권을 행사하기도 했다. 그러한 노력을 기울인 결과, 듀폰은 2005년 《비즈니스위크》 지가 선정하는 최우수 친환경기업 1위 자리에 올랐다.

녹색성장의 주역, CGO

CGO의 존재는 환경 관련 업무의 전문성을 강화하는 동시에 소비자에게 친환경 기업이라는 이미지를 심어주는 효과를 발휘한다.

2005년부터 추진되어 이제는 세계적으로 유명해진 GE 의 녹색성장 전략 '에코매지네이션Ecomagination'• 역시 CGO 라는 존재가 있었기에 가능한 일이었다. 에코매지네이션 전략의 성공 배후에는 에너지 효율 향상과 환경 솔루션 개발 등을 이끈 초대 CGO 로레인 볼싱어Lorraine Bolsinger 부사장이 있었다.

이제 우리 기업들도 기업의 특성에 맞춰 적합한 인물을 발굴해 CGO로 도입하는 것을 생각해봐야 할 시점이 되었다. 그리고 CGO에게 환경과 관련된 업무 또는 사업을 위한

• 자연환경과 생태를 뜻하는 '에콜로지ecology'와 GE의 슬로건인 '이매지네이션 앳 워크imagination at work'를 합한 말.

GE의 에코매지네이션 5대 공약

1. 에코매지네이션 제품의 매출 증대
2. 청정연구개발투자 2배 확대
3. 자체 온실가스 배출 절감과 에너지 효율 개선
4. 물 사용량 감소와 물 재사용 개선
5. 에코매지네이션 관련 활동의 지속 공표

충분한 재량권을 부여해 세계적인 추세인 환경경영 확산에 적극적으로 대응해야 할 것이다. 지금이 바로 기업 차원에서 녹색성장을 선도하도록 준비해야 할 때이다.

사회와 기업을 구하는 이름, 레드

이민훈

누구나 어린 시절에 한 번쯤 크리스마스 시즌이 다가오면 크리스마스실Christmas seal을 구입했던 적이 있을 것이다. 우표처럼 생긴 이 종이 조각은 우표와 달리, 색상도 화려하고 예쁜 그림까지 그려져 있어 매우 인기가 높았다. 하지만 정작 크리스마스실이 어디서 유래했고, 우표의 기능도 없는 것을 왜 붙였는지 알고 있는 아이들은 많지 않았다.

크리스마스실은 1904년 12월 10일, 덴마크 코펜하겐의 우체국장 아이날 홀벨Einar Holboell에 의해 최초로 제작됐다. 당시 유럽은 전염병처럼 도는 결핵 때문에 많은 어린이들이 고통을 받고 있었다. 크리스마스 무렵의 어느 날, 아이날은 우체국에 쌓여가는 많은 우편물을 보면서 '저 우편물에 동전

한 닢씩만 달아도 엄청난 돈이 모일 텐데, 그 정도 돈이면 아픈 아이들을 치료할 수 있을 텐데……'라는 생각을 하게 되었다. 그의 작은 생각에서 비롯된 실은 이웃사랑의 증표로 여겨지면서 우표와 나란히 자리를 잡았다.

크리스마스실의 나눔정신을 잇고 있는 '프로덕트 레드'

지금은 우편 문화가 이메일로 대체되면서 크리스마스실의 인기는 많이 식었지만 실의 나눔정신만큼은 여러 기부 형태로 이어지고 있다. 특히 근래 들어 기업과 소비자 모두에게 큰 호응을 받고 있는 '프로덕트 레드Product RED' 캠페인은 기부 문화의 새로운 모델이 되고 있다.

'프로덕트 레드'는 2006년 아일랜드 록그룹 U2의 리드 싱어인 보노Bono에 의해 만들어졌다. 비영리 단체가 아닌 유한회사로서 기부전용 브랜드 이름인 프로덕트 레드는 판매 수익금의 일부를 에이즈, 결핵, 말라리아 퇴치기금으로 사용한다. 기존의 기부 형태와 다른 점이 있다면 프로덕트 레드만의 컬러를 이용한다는 것이다. 그들은 멀리서도 쉽게 눈에 띄는 레드의 강렬한 이미지야말로 '레드 캠페인'을 퍼뜨리는 데 적합하다고 판단하여, 이미 생산되고 있는 제품에 빨간색을 입힘으로써 프로덕트 레드 참여 브랜드임을 알리기 시작했다.

프로덕트 레드의 또 다른 차별화는 참여 브랜드의 상품군이 의류에서 IT기기에 이르기까지 매우 다양하다는 점이다. 의류 브랜드로는 갭Gap과 엠포리오 아르마니EMPORIO ARMANI 그리고 컨버스Converse가 동참하고 있고, IT기기로는 애플의 아이팟 나노 레드 스페셜과 모토롤라의 레드 실버, 레드 레이저 등이 있다. 윈도우에서도 비스타 레드 에디션을 선보였고, 아메리칸 익스프레스의 레드카드와 스타벅스의 프로덕트 레드 음료 등도 함께하고 있다. 제품뿐만 아니라 조지 부시, 빌 게이츠, 오프라 윈프리, 스칼렛 요한슨, 레이디 가가 등 세대를 아우르는 유명 인사들도 동참하면서, 프로덕트 레드는 그야말로 막강한 공동 브랜드로서 그 위상을 높이고 있다.

세계적 기업들이 프로덕트 레드에 참여하는 3가지 이유

그렇다면 이처럼 많은 기업들이, 그것도 세계 굴지의 기업들이 앞다투어 '프로덕트 레드'에 동참하는 이유는 무엇일까?

첫 번째는 소비 트렌드 변화에 있다. 프로덕트 레드에는 소비자의 새로운 트렌드인 '도네테인먼트donatainment'가 잘 반영되어 있다. 도네테인먼트란 '도네이션donation'과 '엔터테인먼트entertainment'의 합성어로, 작은 기부를 통해 얻는 즐거움을 소비사회의 멋진 라이프스타일로 정의하고 있다. 특히 이러한 현상은 젊은 층에서 두드러지게 나타난다. 국제구호기구인 월드비전World Vision의 경우, 2009년 7월 기준으로 개인 기부자 수가 33만 명을 기록했으며, 이 중 20대와 30대의 비율이 무려 58.7%나 차지했다. 프로덕트 레드는 소비자의 이런 움직임을 읽어내고 그것을 잠재 니즈 마켓으로 하여 제대로 공략한 프로젝트라 할 수 있다.

두 번째 이유는 광고비용 절감 효과이다. 해마다 기업이미지 광고에 수십 억을 투자하는 기업들 입장에서는 프로덕트 레드에 참여함으로써 일석이조의 효과를 볼 수 있는 장점이 있다. 일단 기존 제품에 레드 컬러만 추가하면 되기 때문에 비용은 적게 들면서, 프로덕트 레드에 참여하는 다른 기업들의 이미지를 공유할 수 있기 때문이다.

가령, 소비자들은 스타벅스 레드 텀블러에 커피를 마시면서 같은 컬러와 로고를 사용하는 아이팟이나, 컨버스, 델 등을 함께 떠올릴 수 있다. 프로덕트 레드에 참여하고 있는 기업 10개의 이미지가 각각의 개별 기업에 모두 투영되면서 시너지 효과를 내는 것이다. 또한 캠페인 참여는 사람들에게 기업에 대해 이야기할 거리를 한 번 더 제공함으로써 광고 효과는 더욱 커지게 된다.

세 번째 이유는 노블리스 오블리제를 실천하는 기업이미지를 만들 수 있다는 점에 있다. 아기들의 벤츠라 불리는 독일의 유모차 부가부^{Bugaboo}의 경우, 제품의 고가 이미지와 프로덕트 레드에 참여한다는 착한 이미지가 만나, 노블리스 오블리제라는 새로운 이미지를 만들어냈다. 내 아이만을 위한 소비가 아니라, 에이즈로 고통받고 있는 아프리카 아이들도 함께 돕는다는 사실은 브랜드 이미지 제고에 큰 영향을 주고 있다.

프로덕트 레드의 CEO 바비 슈라이버^{Bobby Shriver}는 "레드 캠페인은 단순한 기부 행위가 아니라 새로운 사업모델이다."[27]라고 말한다. 그동안 수익과는 동떨어져 보였던 공익사업과 수익성을 결합한 최초의 모델이 바로 '프로덕트 레드'인 것이다.

'레드'는 전략적인 나눔의 키워드로, 신뢰를 얻고 싶은 기업에게는 착한 이미지를, 봉사를 원하는 소비자들에게는 기부 참여의 기회를, 그리고 전 세계 약자들에게는 따뜻한 손길을 내밀고 있다. 기업과 소비자, 그리고 사회 모두가 윈-윈할 수 있는 레드 캠페인, 이제 우리 기업들도 한번 기획해볼 만한 때이다.

참고문헌

제1장 오늘 변하지 않으면 내일은 없다

1 "돈벌이에 혈안이 된 中 소림사" (2008. 12. 1). 《SOH 희망지성 국제방송》.

2 "상업화 논란 소림사, 수난의 세월" (2009. 11. 29). 《연합뉴스》.

3 "유럽에선 지금 미술관 대수술" (2004. 8. 8). 《한국경제》.

4 "도심의 폐허에서 싹 트는 문화경쟁력 ② 문화 공간, 발상의 전환" (2009. 10. 14). 공감코리아 정책정보.

5 오동훈 외 (2007). "도시재생전략으로서의 도시문화마케팅 해외사례 연구". 《국토계획》, 제42권 제5호.

6 "21세기 뉴아트 작가와 현장 (1) 영국 테이트 모던 미술관." (2000. 11. 8). 《한국일보》.

7 김민주 (2005). 《컬덕 시대의 문화마케팅》. 서울: 미래의 창, p. 44.

8 Bank of America To Trim Branches by 10% (2009. 7. 28). *CBS News*.

9 Umpqua Bank Launches Innovative Music Program (2006. 4. 25). *PR Newswire*.

10 Branching Out (2006. 9. 24). *New York Times*.

11 Branching Out (2006. 9. 24). *New York Times*.

12 Volkswagen passes Toyota on the back of global stimulus (November 10, 2009), *The Guardian* (London), p. 25

13 Volkswagen Group (2009. 7. 30). Volkswagen Group generates C1.2 billion operating profit in H1 2009. 〈http://www.volkswagenag.com〉.

14 "노·사·정 모두 구한 폭스바겐의 일자리 나누기" (2009. 6. 17). 《프레시안》.

15 "「ジェットストリーム」に讀み解くボールペン"書き味"の秘密" (2009. 7. 2). *web R25*.

16 "【特集】文房具「ヒットの構造」成熟市場が生み出すイノベーションの世界" (2009. 9. 15). 《エコノミスト》. pp. 89–93.

17 "【文具王】40枚とじの衝撃！"究極"のホチキス「Vaimo11」" (2009. 4. 23). *Nikkei Trendy*.

18 "【オピ研】三菱鉛筆(1)〜 油性なのに滑らか！「ジェットストリーム」" (2008. 6. 11). *Opi-net*.

19 "「消せるボールペン」を實現, 摩擦熱でインクを無色に" (2007. 6. 13). *Nikkei BP net*.

20 Peter Gumbel (2007. 8. 30). The dawn of the McLuxury age. *Fortune*.

21 〈http://www.armanihotels.com〉 참조.

22 Marriott gets a wake-up call (2009. 6. 25). *Fortune*. 〈http://money.cnn.com〉.

23 Marriott gets a wake-up call (2009. 6. 25). *Fortune*. 〈http://money.cnn.com〉.

24 The Autograph Collection – Marriott's New Brand and Exclusive Group of Independent Hotels and Resorts (2009. 11. 12). *Hotel News Resource*.

25 〈http://abcnews.go.com/International/wireStory?id=10863469〉.

26 한창수 외 (2001. 4). "디지털 시대 CEO 경쟁력 제고 방안", 삼성경제연구소.

27 Knowledge@Wharton (2007. 1. 10). For Estee Lauder's Thia Breen, a Successful Career Is Made up of 'People, Passion and Performance'.

제2장 한발 먼저 세상을 읽는 법

1 Facebook Surpasses Google in Weekly U. S. Hits for First Time (2010. 3. 17). *Bloomberg Businessweek*.

2 Dell makes $6.5m from Twitter sales (2009. 12. 8). *PRWeb*. 〈http://www.prweb.com〉.

3 Digital signage market will be $10 billion at 2015 in Japan (2010. 2. 24). press release of Seed Planning. 〈http://www.seedplanning.co.jp〉.

4 "イオン2500台のデジタルサイネージ導入へ、販賣促進と廣告料收入を狙う" (2009. 6. 1), 《日經ニューメディア》. 〈http://itpro.nikkeibp.co.jp〉.

5 나카무라 이치야, 이시도 나나코 (2010). 《디지털 사이니지 혁명》. 한석주 역. 커뮤니케이션북스.

6 Alexander McQueen Fall/Winter 2006 Runway.

7 "스마트폰이 3차원 기술 확산에 일조" (2009. 11. 27). *Bloter.net.*

8 "3D 시간·돈 아끼고, 고객 마음 사로잡고" (2010. 3. 8). 《중앙일보》.

9 "제일기획, 디지털 마케팅 사업 진출" (2009. 10. 13). 《이데일리》.

10 심정희 (2009). "파는 게 목적이 아닌 이상한 가게, 팝업 스토어". *Dong-A Business Review.* Vol. 44.

11 김민주 (2009). 《2010년 트렌드 키워드》. 서울: 미래의 창.

12 Pop-Up Stores: All the Rage (2007. 2. 9). *Business Week.*

13 Rise in Super Bowl Ad Prices Threatens Raw Deal for Advertisers (2010. 2 .7). 〈http://www.bnet.com〉.

14 Do-It-Yourself Super Ads (2010. 2. 8). *New York Times.*

15 Pepsi not advertising in Super Bowl in 2010 (2009. 12. 17). *Sporting News.*

16 Coca-Cola's Super Bowl Ad Plans Include Social Media (2010. 1. 27). *New York Times.*

17 Recycling the Super Bowl (2010. 2. 19). *Refresh Blog.*

18 Prime Access Inc, 2006 GAY PRESS REPORT.

19 Gay Groups, campign, 2008. 10. 3.

20 A New Ad Adags: Same Sex Sells (2006. 7. 30). *Time.*

21 Community Marketing, Inc. (October 18, 2007). CMI's 12th Annual Gay & Lesbian Tourism Study.

22 〈http://www.aa.com/rainbow〉.

23 Prudential Offers Long-Term Care Insurance to LGBT Community (2008. 7. 16). 〈http://www.mmexecutive.com〉.

24 "역시 황정음!, 마케팅 효과 톡톡!" (2010. 3. 18). 《한경닷컴》.

25 "일반인 모델 효과, 전문 모델 '빰치네'" (2010. 3. 16). 《파이낸셜뉴스》.

26 Heifetz, R., Grashow, A. & Linsky, M. (July-August 2009). Leadership in a (Permanent) Crisis. *Harvard Business Review*.

27 Top 100 Retailers (Jul 2010). *Stores*. 〈http://www.stores.org〉.

28 Trader Joe's: Successful, But Secretive (2010. 8. 26). *NPR's News Blog*. 〈http://www.npr.org〉.

29 The cult of Nespresso: Could it really be the best cup of coffee money can buy? (2007. 7. 4). *The Independent*.

30 "'커피전쟁' 둘 다 패자?… 맥도날드·스타벅스, 커피 인구 감소 등 여파 양쪽 모두 매출 줄어" (2010. 9. 15). 《국민일보》.

제3장 마음까지 훔쳐야 진짜 고수다

1 최순화 외 (2003. 6. 18). "불황 때는 팔릴 물건을 만들어라―고객 마음을 읽는 마케팅 조사기법". 삼성경제연구소.

2 김옥남 (2009. 3. 3). "고객 통찰력 확보를 위한 소비자 조사 기법". LG경제연구원.

3 조셉 미첼리 (2009). 《리츠칼튼 꿈의 서비스》. 이미숙 역. 서울: 비전과리더십.

4 하야시다 마사미츠 (2007). 《(리츠칼튼 호텔의 서비스 교육에서 배운) 회사생활 잘하려면 꼭 알아야 할 77가지 비밀》. 김은주 역. 서울: 북앤월드.

5 "【特集】リッツ·カールトン極上の「おもてなし」" (2007. 3. 31). 《週刊ダイヤモンド》.

6 조 지라드 (2004). 《최고의 하루》. 김명철 역. 서울: 다산북스.

7 "한 해 585대 뚝딱 '車판매왕'" (2003. 12. 14). 《세계일보》.

8 "리어카 과일 행상의 실전 경영학 백화점서도 눈여겨본다는데…" (2009. 10. 19). 《중앙일보》.

9 KBS 2TV 파일럿 프로그램 〈우주인〉 2009년 9월 24일 방영.

10 Raghuram Iyengar, Christophe Van den Bulte, Thomas W. Valente (January 9, 2010). Opinion Leadership and Social Contagion in New Product Diffusion. *Marketing Science*, In Press.

11 Tagging AirForce One 'Still Free' 〈http://www.youtube.com/watch?v=HwU2t3BJtiM〉.

12 How NIVEA FOR MEN got men talking through their partners! 〈http://www.womma.org〉.

13 마빈 토카이어 (2007). 《탈무드 I》. 현용수 편역, 서울: 동아일보사.

14 1980's Commercial – AT&T vs. MCI Carphone Battle 〈http://www.youtube.com/watch?v=NVAk8o7uCoU〉.

15 "伊 마피아 연매출 114조 원… GDP의 7%" (2007. 10. 24). 《한국일보》.

16 〈http://en.wikipedia.org/wiki/Vito_Cascioferro〉.

17 The FBI, A Centennial History, 1908−2008 (2008). 〈http://www.fbi.gov〉.

18 〈http://en.wikipedia.org/wiki/Six_degrees_of_separation〉.

19 FBI Partnerships and Outreach 〈http://www.fbi.gov〉.

제4장 창조와 공감이 정답이다

1 Jens Förster, R. S. Friedman, E. B. Butterbach, K. Sassenberg (2005). Automatic effects of deviancy cues on creative cognition. *European Journal of Social Psychology*, 35: 3, pp. 345−359.

2 리처드 와이즈먼 (2009). 《59초》. 이충호 역. 서울: 웅진지식하우스.

3 〈http://59seconds.wordpress.com/2009/07/23/in-59-seconds-boost-your-creativity〉.

4 Andrew J. Elliot, Maier, M. A., Binser, M. J., Friedman, R, & Pekrun, R. (2009). The Effect of Red on Avoidance Behavior in Achievement Contexts. *Personality and Social Psychology Bulletin*, 35, pp. 365−375.

5 정재승 (2010). "아이디어가 샘솟는 공간, 따로 있다". *Dong-A Business Review*, Vol. 54. pp. 90−91.

6 Joan Meyers-Levy & Zhu, R. (2007). The Influence of Ceiling Height: The Effect of Priming on the Type of Processing People Use. *Journal of*

Consumer Research, 34.

7 Elizabeth Quill (2007). High Ceilings, Big Ideas. *Chronicle of Higher Education*, 53: 49, p. 5.

8 "【特集】ホンダの獨創ー技術の「夢」は終わらない"(2007. 2. 5).《日經ビジネス》, 1377, pp. 26–43.

9 本田宗一郎 (2005).《やりたいことをやれ》, PHP연구소.

10 Ed Catmull (Sep 01, 2008). How Pixar Fosters Collective Creativity. *Harvard Business Review*.

11 KAVO 홈페이지. 〈http://www.koreangp.kr/kavo_front/F1World/introduction.asp〉

12 The 50 Top-Earning Athletes In Sports (2010. 7. 20). *Forbes*.

13 "'몸값 470억 원' 알론소(스페인 · 페라리)가 행운 품었다" (2010. 10. 25). 《조선일보》.

14 Deloitte (2009). Formula 1's global revenues are $3.9 billion. 〈http://www.deloitte.com〉.

15 "現場力 森美術館(美術館運營) 無名作品で150万人集客" (2009. 11. 23). 《日經ビジネス》, 1517, pp. 56–58.

16 "「六本木ヒルズ」65の飲食店が集結" (2003. 2. 27). *Nikkei BP net*.

17 "現場力 森美術館(美術館運營) 無名作品で150万人集客" (2009. 11. 23). 《日經ビジネス》, 1517, pp. 56–58.

18 여운상 (2009. 9/10). "낙후된 작은 섬이 예술의 섬으로-나오시마", 《해외 리포트 2》, 부산발전연구원, 119호, pp. 51–55.

19 "예술로 쓰레기 섬 살렸다?… 회사 이미지도 살았다" (2009. 3. 26). 《조선 일보》.

20 김은령 (2005. 5). "인간을 행복하게 해주는 것은 돈이 아닌 예술이다. 일 본 베네세 코퍼레이션 후쿠다케 소이치로 회장". 《행복이 가득한 집》. (주) 디자인하우스.

21 渡邊ゆうか (2007). "直島・家プロジェクトレポート." 〈http://forum.inax.co.jp/renovation/forum/repo013-naoshima/report013.html〉.

22 "小さな島で現代アート メセナ大賞 ベネッセなど" (2006. 11. 2).《讀賣新 聞》.

23 株式會社ベネッセホールディングス (2010. 6. 28). "有價證券報告書 第56期."

24 "예술로 쓰레기 섬 살렸다… 회사 이미지도 살았다." (2009. 3. 26). 《조선일보》.

25 "국내 30대 기업 지속가능경영 점수 저조" (2008. 12. 16). 《중앙일보》.

26 環境ビジョン2025. ⟨http://www.hitachi.co.jp⟩.

27 "Bobby Shriver in 100 Words or Less" ⟨http://www.bobbyshriver.com/im/bio_content/2Bobby%20Shriver%20bio.pdf⟩.